JUDITH RAKERS

HOME FARMING

Selbstversorgung ohne grünen Daumen

JUDITH RAKERS
HOME
FARMING
Selbstversorgung
ohne grünen Daumen

INHALT

EIN GARTEN MIT HÜHNERN 114

EIN GARTEN ZUM GENIESSEN 180

ZUM NACHSCHLAGEN

VORWORT

Dieses Buch richtet sich an Menschen, wie ich es war: An Menschen ohne grünen Daumen, die keine Ahnung haben von Gemüseanbau, Hühnerhaltung und Kochen. Die aber gern essen und gutes Essen genießen können. An Menschen, die berufstätig und voll eingespannt sind, urban leben, aber trotzdem Sehnsucht nach Natur und Landleben spüren. Und die irgendwie das Gefühl haben, dass man doch zumindest versuchen könnte, etwas nachhaltiger und bewusster zu leben – ohne gleich ein Super-Öko zu sein.

Dass ich einmal ein Buch über das Homefarming schreiben würde, hätte ich noch vor drei Jahren im Traum nicht gedacht. Meine Freunde und die meisten Familienmitglieder sind geradezu fassungslos darüber. Mein Vater musste sogar lachen. Und zwar zu Recht! Denn jeder, der mich kennt, weiß, dass die Küche in meinem bisherigen Leben nur Showroom für Obstschalen war, in der Bananen braun und Äpfel schrumpelig wurden. Und Standort für einen Kühlschrank, in dessen Null-Grad-Zone Zucchini, Gurken und Tomaten gemeinsam alt werden konnten – neben dem Rosé-Crémant und der Migränebrille.

Ich habe mich nie für das Kochen begeistern können, und wer zu mir eingeladen wurde, der wusste: Es wird entweder gegrillt oder es gibt Spaghetti alla Judith: Spaghetti mit Ketchup und Rührei. Möglicherweise liegt es daran, dass ich bei meinem Vater aufgewachsen bin, aber mein Zugang zum Thema Nahrungsmittel war immer maximal pragmatisch: In dem Moment, in dem ich Hunger verspürte, machte ich mir Gedanken über das Essen. Aber auch erst dann. Und deshalb wählte ich in der Regel zwischen Fertiggerichten, Tiefkühlprodukten, Lieferservice oder dem kurzen Stopp beim Bäcker. Auch mit dem Thema Gärtnern hatte ich nie etwas am Hut. Ich fand es durchaus schön, in einem blühenden Garten zu sitzen. Aber ich hatte keine Sehnsucht danach.

Doch irgendwann war er plötzlich da, dieser Wunsch nach Veränderung. Nach einem Leben mit mehr Natur und dem, was wirklich zählt. Und diesen Wunsch machte ich zu meinem Projekt. Ich las unzählige Bücher über das Selbstversorgen, über Hühnerhaltung und die Verarbeitung und Haltbarmachung der selbst angebauten Lebensmittel. Ich sah mir Youtube-Videos an, war in Online-Foren unterwegs und legte los. Und tatsächlich wurde in kürzester Zeit eine Selbstversorgerin aus mir, die unglaublichen Spaß an dieser neuen Welt hat. Schon in meinem zweiten Homefarming-Jahr musste ich keine Eier, kein Gemüse und kein Obst mehr zukaufen. Ich begann Marmeladen herzustellen, Obst und Gemüse einzumachen und ich fing sogar an zu kochen. Saisonal und regional. Weil die Lebensmittel ja nun mal im Beet lagen und irgendwie verarbeitet werden mussten.

Ich möchte euch in diesem Buch von meinem Weg erzählen, von den Erfolgen und den Rückschlägen. Und ich möchte euch Tipps geben, wie auch ihr Gemüseanbau und vielleicht sogar die Hühnerhaltung mit eurem Leben vereinbaren könnt – selbst wenn ihr bisher keinen grünen Daumen hattet. Dies ist ein Buch für Anfänger. Anfänger, wie ich einer war.

EIN GARTEN VOLLER OBST UND GEMÜSE

Stellt euch vor, ihr geht in euren Garten oder auf euren Balkon – vielleicht sogar nur zum Blumenkasten am Fenster – und dort warten das frischeste Gemüse und der knackigste Salat der Welt auf euch. Nahrungsmittel, die ihr selbst angepflanzt habt, denen ihr beim Sprießen und Aufwachsen zusehen konntet und bei denen ihr sicher sein könnt, dass sie nicht mit Chemikalien gedüngt wurden und schon Hunderte Transportkilometer hinter sich haben. Dass kein fieses Schädlingsbekämpfungsmittel zum Einsatz kam. Sondern Fürsorge und vielleicht sogar ein bisschen Liebe. Ich habe mich sogar anfangs dabei erwischt, dass ich die Früchte meiner Anbauarbeit gar nicht ernten wollte. So wie meine Großmutter immer ein »Geschirr für gut« hatte, das nur an Sonn- und an Feiertagen auf den Tisch kam, hatte ich plötzlich Hemmungen, den Kohlrabi oder Salatkopf auch wirklich abzuernten, um ihn dann zu essen. Weil: Dann war er ja weg. Und ich beobachtete ihn doch so gern beim Wachsen. Ich verspreche euch, dieses besorgniserregend klingende Verhältnis zum Beetbestand wird sich wieder normalisieren. Schon nach kurzer Zeit werdet ihr kurzen Prozess machen. Und einfach ernten. Und euch freuen, dass ihr ein Stück Unabhängigkeit und Freiheit gezüchtet habt in eurem Garten, weil ihr plötzlich immer etwas Gesundes und Superleckeres zu Hause habt. Supermarktgemüse, das in der Null-Grad-Zone eures Kühlschranks vor sich hin schrumpelt, wird der Vergangenheit angehören, denn ihr erntet einfach erst dann, wenn ihr tatsächlich Hunger habt. Ein unschlagbarer Vorteil, gerade wenn ihr berufstätig seid. Übrigens: Die Zeit, die ihr für eure Beete und den Küchengarten aufwenden müsst, ist absolut überschaubar. Das meiste Gemüse wächst nämlich von ganz allein. Und deshalb funktioniert das Ganze auch ohne grünen Daumen. Ich bin ganz sicher. Weil es bei mir auch so war.

Hätte mir früher jemand gesagt, ich würde mal gern im Garten arbeiten: Ich hätte ihn für verrückt erklärt.

WIE ICH AUF DIE ABSURDE IDEE KAM, GEMÜSE ANZUBAUEN

Um es gleich vorweg zu sagen:Ich hatte keine Ahnung! Null! Niente! In meinem Leben hatten die Themen Garten und Gemüseanbau nie eine Rolle gespielt. Nicht mal eine Nebenrolle.

Ich besaß in meiner Studentenzeit genau zwei Zimmerpflanzen, von denen nur eine mein letztes Semester erlebte. Wenn ich ein Töpfchen Basilikum kaufte, um eine leckere Caprese zuzubereiten, dann war dieses Basilikum schon im Einkaufswagen seinem endgültigen Ende nah. Und zwar nicht, weil ich es für meinen Tomatensalat abgeerntet hätte, sondern weil es in meiner Küche regelmäßig nur noch wenige Tage überlebte. Genauso wie die Orchideen, mit denen ich es immer wieder versucht hatte. Bei mir überlebte einfach keine Pflanze. Kein grüner Daumen, sagte ich mir dann immer. So ist es eben. Ist halt nicht meins. Wie ich mich geirrt hatte!

Ich kann nicht genau sagen, wann der Wunsch in mir entstand, Gemüse selbst anzubauen. Aber es gab in den vergangenen Jahren zwei Ereignisse rund um dieses Thema, die ich noch sehr gut erinnere, und ich nehme an, sie brachten den Stein ins Rollen.

Das erste Ereignis fand im Rahmen meiner Talkshow »3nach9« statt, die ich gemeinsam mit dem Chefredakteur der Zeit, Giovanni di Lorenzo, moderiere. Ich sollte den Ethnobotaniker Wolf-Dieter Storl interviewen und bekam deshalb sein Buch zugeschickt: »Der Selbstversorger« stand ganz groß darauf. Und daneben war das Foto meines Gastes abgedruckt: ein älterer Herr in verwaschenem orangefarbenem T-Shirt, langen grauen Haaren und einem ebensolchen Bart. Auf der Rückseite des Buches wurde er als »Kultautor« vorgestellt und als Experte, der auf seinem Bauernhof im Allgäu kompletter Selbstversorger sei. In der Einleitung erfuhr ich dann, dass er auch reichlich esoterisch angehaucht war, denn er empfahl, sich beim Gemüsegärtnern nach den Mondphasen zu richten. »Da bin ich ja schon raus«, dachte ich damals als pragmatischer Steinbock (um zumindest mal in Horoskop-Kategorien zu bleiben).

Dennoch beeindruckten mich die Fotos und Texte im Buch. Ich dachte: »Ist schon cool, wenn man so komplett autark ist und sich um das absolute Grundbedürfnis, das Essen, selbst kümmern kann.« Und so war ich denn auch sehr neugierig, wie das Talkshow-Gespräch mit diesem Mann wohl laufen würde, nachdem ich zu seinem Thema, dem Selbstversorgen, nun wirklich überhaupt keinen Bezug hatte.

Was soll ich sagen: Es lief super. Storl war einfach faszinierend mit seinem breiten Pflanzenwissen. Und ich weiß noch, wie ich hinterher dachte: »Schon beeindruckend, was der alles macht. Aber na gut, der wohnt da auch auf seinem Bergbauernhof – das ist eben auch eine Welt für sich. Eine Welt, die mit meiner nichts zu tun hat.«

Wenige Tage später wurde ich von einem Tagesthemen-Kollegen auf das Interview angesprochen: »Toller Gast, Judith, der Storl. Ich habe einige Bücher von ihm. Wenn du willst, bringe ich dir mal ein paar selbst gezogene Zucchini mit.« Ich war überrascht: »Du baust Zucchini an?« »Ja«, antwortete er, »und ich habe so viele, dass ich die gar nicht allein essen kann.« »Machst du das mit den Mondphasen?«, fragte ich. Und er: »Nö. Es geht auch ohne.« Ich war baff. Plötzlich gab es doch eine Überschneidung zwischen Storls Welt und meiner. Und ich dachte: »Das sollte ich vielleicht auch mal probieren.«

Ich kann euch nicht sagen, wie es dann genau weiterging. Die Nachrichten über den Klimawandel werden eine Rolle gespielt haben, der Wunsch nach einem nachhaltigeren Leben, nach Entschleunigung. Aber irgendwann war sie da, die Vision. Ich hatte plötzlich einen Traum. Den Traum vom Leben auf dem Land mit Garten und Gemüsebeeten. Das volle Programm. Ich erzähle euch hier also im Grunde auch von der Verwirklichung eines Traums. Meines Traums.

Mit diesem Mann fing alles an: Ethnobotaniker Wolf-Dieter Storl. Für dieses Buch habe ich ihn nochmal interviewt (siehe Seite 106–113).

WAS IHR BRAUCHT, WENN IHR OBST UND GEMÜSE ANBAUEN WOLLT

Vielleicht denkt ihr jetzt: Na gut, ich habe Interesse, aber so ein richtiger Traum, den ich mir unter allen Umständen erfüllen möchte, ist das nicht. Kann ja noch werden, aber ich möchte jetzt erst mal irgendwie anfangen. Um zu gucken, ob ich auch wirklich Spaß an dem Thema habe. Und vielleicht fragt ihr euch: Was brauche ich dafür? Geht das auch ohne eigenen Garten? Wann muss ich loslegen, damit es noch was wird mit der Ernte, und was baue ich am besten an? Wie viel Zeit muss ich dafür tatsächlich aufwenden? Funktioniert das neben dem Job überhaupt? Ich hatte genau die gleichen Fragen und antworte daher gern aus eigener Erfahrung.

Jeder fängt mal klein an – so wie dieses Tomatenpflänzchen, das später viele große, herrlich aromatische Früchte getragen hat.

WAS BRAUCHE ICH DAFÜR?

Wenn ihr Obst und Gemüse anbauen wollt, dann habt ihr in einer perfekten Welt natürlich einen eigenen Garten, eine Schrebergartenparzelle, ein gemietetes Stück Ackerland oder zumindest einen Balkon oder eine Terrasse. Denn je mehr Platz ihr habt, desto mehr könnt ihr anbauen. Aber auch wenn ihr in einer kleinen Wohnung ohne Balkon wohnt, könnt ihr es mit dem Gemüseanbau probieren. Oft reicht schon ein Fenster, durch das die Sonne scheint, um knackigen Salat, Radieschen, Kohlrabi oder Kräuter selbst anzubauen. Sogar auf Kartoffeln müsst ihr nicht verzichten. In dem Kapitel über die Knolle, die unglaublich viele Vitamine und Mineralstoffe enthält, zeige ich euch zum Beispiel, wie ihr in einem kleinen mit Erde befüllten Sack Kartoffeln ziehen könnt. Ich habe sogar ein Hochbeet aus Metall mitten ins Zimmer gestellt, um zu schauen, ob dort etwas wächst und gedeiht. Und siehe da: Es klappte – und das obwohl meine Katze Lotti das Hochbeet zwischendurch als Toilette benutzte und deshalb komplett durchwühlte.

WANN MUSS ICH LOSLEGEN, DAMIT ES NOCH WAS WIRD MIT DER ERNTE?

Im Grunde könnt ihr jederzeit in den Obst- und Gemüseanbau einsteigen. Wenn ihr aber tatsächlich alle Phasen des Wachstums erleben und das Optimum rausholen wollt, beginnt ihr am besten schon im Februar – und zwar mit der Anzucht der Pflanzen, die ins Freie sollen, sobald es dazu warm genug ist. Wenn es draußen nicht mehr friert und ihr ein Frühbeet anlegt, über das ich euch später noch mehr berichten werde, könntet ihr aber auch im März oder April einsteigen. Im späteren Frühjahr und Sommer sät ihr dann direkt ins Beet und es gibt sogar Gemüsearten, deren Samen ihr selbst Anfang September noch aussäen könnt, um im Herbst ernten zu können, zum Beispiel Feldsalat oder Spinat.

Selbst in der Wohnung ist Gemüseanbau möglich. In so einem Hochbeet-Möbel wachsen auch Salat und Radieschen.

WIE VIEL ZEIT MUSS ICH AUFWENDEN?

Auch das liegt in eurer Hand. Es gibt Gemüsearten, die sät ihr nur aus, was etwa fünf Minuten dauert, und einige Wochen später könnt ihr bereits ernten. In der Zwischenzeit habt ihr lediglich für ausreichend Wasser gesorgt, habt vielleicht etwas gedüngt und eventuell Unkraut gejätet. Diese Arten werde ich euch im Folgenden besonders ans Herz legen, weil schneller Erfolg einfach immer ein Motivations-Booster ist. Denn es gibt durchaus auch Obst und Gemüse, das pflegeintensiv und ein bisschen anstrengend ist und das ich deshalb für den Anfang nicht empfehlen würde. Mit anderen Worten: Beginnt mit Radieschen und wagt euch erst danach an die Tomaten.

Dann legen wir jetzt einfach mal los. Zuerst möchte ich euch etwas über die verschiedenen Pflanzgefäße und -orte und über Erde erzählen. Denn das »Bett«, das ihr den Samen und Pflanzen bereitet, ist zentral für den Erfolg eurer Gemüsezucht.

WOHNUNG, BALKON ODER GARTEN? HOMEFARMING IST ÜBERALL MÖGLICH

Ob ihr einen großen Garten habt, eine kleine Ecke im Gemeinschaftsgarten oder nur einen Balkon: Ihr könnt loslegen und es mit dem Homefarming ausprobieren. Denn ihr müsst nicht erst riesige Hochbeete oder Äcker anlegen, wenn ihr es einfach mal testen wollt. Nehmt euch ein Glas, befüllt es mit Erde und legt einen Samen hinein. Stellt das Glas ins Tageslicht, haltet die Erde angenehm feucht, indem ihr alle zwei Tage vorsichtig gießt, und ihr werdet sehen: Es sprießt etwas. Die Natur sucht sich ihren Weg. Ich habe so alle meine Kürbispflanzen vorgezogen – und jede davon wurde später mehrere Meter lang. Aber begonnen hat es in einem Glas, in dem noch nicht

Was hier noch so handlich daherkommt, hat sich innerhalb weniger Wochen zu übermannshohen Kürbispflanzen ausgewachsen.

mal das Wasser vernünftig ablaufen konnte. Es hat geklappt, weil jeder Samen sprießen MÖCHTE. Das ist das Gesetz der Natur. Und das kommt euch unwahrscheinlich zugute, auch wenn ihr keinen grünen Daumen habt. Natürlich müsst ihr die kleine Pflanze dann irgendwann aus dem Glas herausholen und sie draußen ins Beet setzen, wo sie dann weiterwachsen kann. Aber der Anfang ist gemacht. Ihr habt gesehen, dass ihr Leben entstehen lassen könnt, selbst wenn ihr bisher dachtet, dass ihr Dinge vor allem schrumpeln lassen könnt.

»Ob im Wohnzimmer, auf der Fensterbank in der Küche, auf Balkon und Terrasse oder im Garten: Gemüseanbau ist überall möglich.«

Vielleicht traut ihr euch auch von Anfang an schon mehr zu und fragt euch nur, was für ein Gemüse ihr bei euch zu Hause überhaupt pflanzen könnt. Ich habe alles Mögliche ausprobiert und deshalb kann ich euch mit Inbrunst folgende Tipps geben:

Wenn ihr nur eine Wohnung und nicht mal einen Balkon habt, könnt ihr mindestens Kräuter, verschiedene Salate, Radieschen und Kartoffeln anbauen. Wahrscheinlich geht noch mehr, aber damit könntet ihr starten. Für die Kräuter braucht ihr nur einen Topf in der Nähe des Fensters. Für den Salat und die Radieschen eignet sich ein Blumenkasten auf der Fensterbank oder ein kleines Hochbeet aus Holz oder Metall, das ihr wie ein Möbelstück ins Zimmer stellen könnt. Und für die Kartoffeln könnt ihr im Handel für wenig Geld einen »Kartoffelpflanzsack« kaufen oder einen alten Jutesack mit Erde befüllen. Der Kartoffelsack hat den Vorteil, dass es im unteren Teil eine kleine Eingrifftasche gibt, durch die ihr ernten könnt.

Wofür auch immer ihr euch entscheidet: Ausreichend Licht ist wichtig. Die richtige Menge Wasser und später auch mal etwas Dünger (mehr dazu im Kapitel zur richtigen Pflege, siehe Seite 80–83).

Wenn ihr einen Balkon oder eine Terrasse habt, könnt ihr noch mehr anbauen. Denn dann sind zum Beispiel auch Tomaten und Gurken an der Hauswand möglich. Ihr könnt ein Hochbeet aufstellen, sodass ihr ohne Weiteres auch Möhren, Zwiebeln, Paprika und Kohlrabi anbauen könnt. Dazu kommt dann die Möglichkeit, Beerensträucher in Töpfe zu pflanzen oder sogar einen kleinen Obstbaum dazuzustellen.

Beinahe unbegrenzte Möglichkeiten habt ihr, wenn ihr einen eigenen Garten, ein gemietetes Stück Ackerland oder einen Schrebergarten zum Gemüse- und Obstanbau nutzen könnt. Dann könnt ihr es machen wie ich: Mittlerweile habe ich einen Kartoffelacker und einen weiteren für Zucchini, Kürbis und Auberginen. Ich habe klassische Beete am Boden und zusätzlich noch Hochbeete aus Holz und ein Frühbeet mit Dach, in denen ich Salate, Spinat, Kräuter, Zwiebeln und Kohlrabi anbaue. Und nach dem ersten Jahr im Nutzgarten habe ich sogar noch ein Gewächshaus gebaut, in dem ich nun Tomaten und Gurken ziehe.

Aber, hey, das alles ist nach und nach entstanden. Ich habe mit zwei ganz klassischen Beeten angefangen. Aber dann ging alles so einfach, dass ich immer wieder nachgerüstet und mehr Platz geschaffen habe. Und so wird es euch ebenfalls gehen, auch wenn ihr jetzt vielleicht denkt: »Oh Herr, das schaffe ich ohne grünen Daumen doch nie.« Ich kann dazu nur sagen: »Doch, schafft ihr. Weil ich es auch hingekriegt habe.«

DIE AUSWAHL DER RICHTIGEN ERDE

Ich könnte mir vorstellen, dass es euch so geht, wie es mir ergangen ist und ihr euch ganz am Anfang schon von der Auswahl der richtigen Pflanzerde überfordert fühlt – einfach weil es im Gartencenter und im Baumarkt so viele unterschiedliche davon gibt.

Am besten ist es, ihr kauft Erde, die speziell für Obst und Gemüse gemischt wurde. Sie wird als Tomaten- und Gemüseerde oder als Hochbeeterde angeboten, ist in der Regel torffrei und der enthaltene Dünger beziehungsweise der Humusanteil ist optimal auf die Bedürfnisse im Nutzgarten abgestimmt.

Wenn ihr Pflanzen vorziehen wollt, worüber ihr in diesem Buch noch mehr erfahren werdet, dann ist auch Anzuchterde interessant. Sie enthält weniger Nährstoffe als normale Gemüseerde, weil die kleinen Pflänzchen einen geringeren Nährstoffbedarf haben und daher mit humusintensiver, stark gedüngter Gemüseerde schlichtweg überfordert sind.

Auch Komposterde ist für euch als Gemüsefarmer ab jetzt ein Objekt der Begierde: Sie ist humusreich und deshalb voller Nährstoffe. Und sie kann Wasser gut speichern, was für die Versorgung eurer (erwachsenen) Pflanzen ebenfalls wichtig ist.

Natürlich könnt ihr auch die Gartenerde benutzen, die ihr schon in eurem Garten habt. Allerdings müsst ihr dann selbst dafür sorgen, dass sie gehaltvoll genug ist, um eure Samen und Pflänzchen ausreichend zu »füttern«, damit sie schön wachsen und die Ernte gut wird.

Ist die Erde in eurem Garten sehr sandig (rieselt sie also in einzelnen Körnchen durch eure Hände), könnt ihr auf den Anbau von Möhren, Kartoffeln, Spargel und Zwiebeln setzen. Sie alle mögen sandigen Boden. Wenn ihr in der Auswahl eurer Gemüsearten freier sein wollt, reichert ihr den Boden einfach etwas an, indem ihr die bereits erwähnte Gemüse- oder Komposterde dazumischt. Letztere wird in größeren Mengen auch an vielen Recyclinghöfen verkauft, wo sie aus dem abgegebenen Grünschnitt und Laub entsteht. Da einige Gartenbesitzer allerdings auch Unkraut zum Kompostieren abgeben, kann es sein, dass noch keimfähige Unkrautsamen in der Erde sind. Sie machen euer Beet dann arbeitsintensiver, als es sein müsste.

»Gemüse- und Komposterde enthält genau die Nährstoffe, die euer Gemüse braucht, um gut zu wachsen und euch eine reiche Ernte zu bescheren.«

Mehr Kontrolle über die Qualität eures Kompostes habt ihr, wenn ihr ihn selbst herstellt. Ich nutze dazu mittlerweile nicht nur Küchenabfälle und

Hornspäne könnt ihr als Langzeitdünger für alle Pflanzen ausbringen. Überdüngen könnt ihr damit kaum. Am besten mischt ihr ihn noch mit Kompost.

Pflanzenreste, sondern auch die Hinterlassenschaften meiner Stute Sazou und der Hühner, um die Erde mit Nährstoffen anzureichern. Das ist nicht eklig, glaubt mir. Es ist natürlich und es tut euren Pflanzen genauso gut, als würdet ihr ein abwechslungsreiches Lieblingsessen vorgesetzt bekommen.

Wie ihr selbst einen Komposthaufen anlegt, darauf komme ich später noch. Denn als Anfänger hat man so etwas vermutlich noch nicht in seinem Garten. Wenn ihr es aber schlau anstellt, kauft ihr nur anfangs Erde aus dem Gartencenter und Baumarkt. Um erst mal loszulegen. Sobald sich ein kleines Kreislaufsystem entwickelt hat, das beim Homefarming schnell entsteht, könnt ihr euch dann selbst helfen und müsst kein Geld mehr für Pflanzerde ausgeben.

Wenn die natürlich in eurem Garten vorkommende Erde sehr lehmig ist (sie schmiert und klebt auch noch Stunden nachdem es geregnet hat), macht ihr das Gegenteil. Ihr besorgt euch gewaschenen Bausand oder Quarzsand und mischt diesen dazu. Kompost oder Komposterde unterheben ist auch hier eine gute Idee. Denn das Ziel ist es, dass die Erde bei Regen nicht mehr so schlammt, sondern das Wasser abfließen kann, der Boden locker bleibt und krümelig auf eurer Hand liegt, wenn ihr ihn im feuchten Zustand aus dem Beet holt.

Am besten, ihr kauft euch einen kleinen Sack Gemüseerde, nehmt eine Handvoll davon raus und schaut sie euch an: Sie kommt angenehm feucht aus dem Sack und man sieht ihr an, dass sie Wasser gut speichern kann. Sie besteht quasi aus »Erdbröckelchen«, die ihr aber mit den Händen leicht zerdrücken könnt, ohne dass ihr danach lehmige Hände habt. Das ist euer »Muster«. Und jetzt könnt ihr eure Gartenerde so mit Sand, Kompost- oder Gemüseerde mischen, dass sie dem Muster nahekommt. Ich finde, für Anfänger ist diese Vorgehensweise am einfachsten. Auch mir fehlte am Anfang das Wissen, wie gute, nährstoffreiche Erde überhaupt aussehen soll, und mir war auch nicht klar, wie unterschiedlich sie sein kann. Es ist ein bisschen so wie bei den Inuit, die angeblich 40 verschiedene Worte für »Schnee« haben (was so übrigens gar nicht stimmt). Wenn ihr euch mit Erde beschäftigt, werdet ihr überrascht sein, wie verschiedenartig sie aussehen, riechen und sich anfühlen kann und welche unterschiedlichen Bedürfnisse sie erfüllt.

Bei mir im Garten habe ich relativ guten Boden vorgefunden, sodass ich die Beete in den ersten beiden Jahren nicht mit gekaufter Erde »verfeinern« musste. Nur in meinen Hochbeeten, den Pflanzkästen und dem Kartoffelpflanzsack, den ich euch noch vorstellen werde, habe ich gekaufte Gemüseerde eingesetzt. Aber auch die habe ich gemischt – und zwar mit der Erde, die mein »Mitarbeiter« mir kredenzt hat. Sein Name ist Grabowski. Günter Grabowski. Ich werde ihn euch gleich noch näher vorstellen.

- → Für den Obst- und Gemüseanbau eignet sich am besten Tomaten-, Gemüse- oder Hochbeeterde.
- → Ist die Erde im Garten sandig, könnt ihr sie mit Gemüse- oder Komposterde anreichern.
- → Lehmige Erde wird durch die Beigabe von gewaschenem Bausand oder Quarzsand wasserdurchlässiger.
- → Gute Erde ist im feuchten Zustand schön krümelig.

Erst stand ich auf Kriegsfuß mit dem Maulwurf, doch jetzt ist er Mitglied im Team.

GÜNTER GRABOWSKI – WIE EIN MAULWURF ZUM MITARBEITER DES MONATS WURDE

Ihr werdet später – im Kapitel über die Hühnerhaltung im Garten – noch erfahren, wie ich an mein kleines Farmhouse am Stadtrand von Hamburg gekommen bin. An dieser Stelle nur so viel: Es ist ein ganz normales kleines Fachwerkhaus mit einem großen Garten direkt am Naturschutzgebiet. Kein Bauernhof, kein Resthof. Aber trotzdem nenne ich es liebevoll »Meine kleine Farm«, weil ich mir hier meinen Traum vom Landleben erfüllt habe. Ich wohne hier mit meinen drei Katzen und mittlerweile 15 Hühnern, habe einen großen Gemüse- und Obstgarten und die Möglichkeit, am Wochenende auch mein Pferd zu mir zu holen, weil man im Naturschutzgebiet nebenan so schön ausreiten kann. Der wahr gewordene Pippi-Langstrumpf-Traum also, da er auch ganz viel mit Unabhängigkeit und Freiheit zu tun hat: Ich habe einen eigenen Trinkwasserbrunnen, zumindest die Warmwasserversorgung läuft über Solar und in meinem Garten hat sich mittlerweile ein kleines Kreislaufsystem etabliert, in dem sich alles gegenseitig unterstützt. Auch Herr Grabowski leistet seinen Teil und in Pflanzzeiten bekommt er deshalb von mir regelmäßig die Auszeichnung »Mitarbeiter des Monats« verliehen. Doch wie kam es dazu?

Als ich das Haus von den Vorbesitzern übernahm, fand ich einen riesigen Ziergarten vor – mit wunderschönen alten Rhododendren, Bauernhortensien, Fliederbüschen, riesigen Eichen, Birken und Tannen und einigen Obstbäumen. Es gab daher von Anfang an Äpfel, Birnen, Mirabellen, Zwetschgen und Kirschen. Aber kein Gemüse. Keine Beerensträucher. Keine Kräuter.

Ich begann also, den Garten etwas umzugestalten, und suchte einen sonnigen bis halbschattigen Platz aus, um dort Beete anzulegen und Hochbeete aufzustellen. Auch den Terrassenbereich baute ich um, weil ich den alten Apfelbaum vor dem Haus trotz des Wintergartenanbaus erhalten wollte. Dabei traf ich eine folgenreiche Entscheidung: Ich kaufte Rollrasen, um die etwa 25 Quadratmeter große Fläche direkt neben der Terrasse schnell grün und schön zu haben. Da auf dem gesamten Grundstück kein einziger Maulwurfshügel zu sehen war, verzichtete ich auf den Einbau einer Maulwurfsperre, also eines Drahtgeflechts unter dem Rollrasen. Und siehe da: Schon wenige Tage nach dem Auslegen des Rollrasens war er da: Grabowski. Günter Grabowski. Der Maulwurf.

Zu seinem Einzug schenkte er mir sieben Maulwurfshügel – in einer einzigen Nacht. Innerhalb weniger Tag sah die Fläche neben der Terrasse schlimmer aus als vor der Begrünung: Sie glich einem Schlachtfeld – und ich zog in den Krieg. Ich steckte Flaschen in die Hügel, damit die Windgeräusche den »Feind« vertreiben und kaufte im Internet piepende Stäbe, die den gleichen Zweck erfüllen sollten. Aber die Einzige, die nicht mehr schlafen konnte, war ich. Denn Grabowski trieb direkt unter meinem Schlafzimmerfenster sein Unwesen und die dort platzierten »Piepsstäbe« piepsten und brummten die ganze Nacht so laut in unterschiedlichen Oktaven, dass ich mich bei der Tagesschau freiwillig für die Nachtschichten einteilen ließ. Der Einzige, den das offenbar überhaupt nicht störte, war Grabowski. Er buddelte fleißig weiter und nahm sich nun den Rest meines Gartens vor.

In meiner Verzweiflung dachte ich sogar darüber nach, eine ebay-Kleinanzeige zu schalten: »Fleißiger Maulwurf. Offenbar in seinen besten Jahren. In liebevolle Hände abzugeben. An Selbstabholer.«

Ich ärgerte mich über jeden neuen Haufen, bis ich plötzlich in einer meiner Nachtschichten den entscheidenden Tipp bekam – von Yvonne, Maskenbildnerin, die selbst viel gärtnert. Sie sagte: »Stell den doch einfach an, sieh ihn als Mitarbeiter. Er buddelt dir wunderbare humusreiche Erde nach oben. Die ist super zum Pflanzen.«

Das war die Idee! Statt Säcke voller Erde aus dem Baumarkt nach Hause zu schleppen, ging ich von nun an morgens mit meinem Eimer durch den Garten und sammelte Grabowskis Erdhaufen ein, um das nächste Hochbeet damit zu beglücken. Was soll ich sagen. Grabowski ist jetzt mein Dude! Er darf bleiben. Habe ich auch den Katzen gesagt.

WIE IHR EIN BEET IM GARTEN ANLEGT

Wenn ihr euch entschlossen habt, mit einem kleinen Pflanzgefäß zu beginnen, also einem Topf oder einem Blumenkasten, dann müsst ihr dieses Kapitel nicht lesen. Denn es richtet sich an alle, die zumindest eine kleine Gartenfläche zur Verfügung haben. Es gibt mehrere Möglichkeiten, dort ein Beet anzulegen.

Als Erstes sucht ihr euch einen sonnigen bis halbschattigen Platz, der ein bisschen windgeschützt (nicht windstill!) ist. Dort steckt ihr mithilfe von Zeltheringen oder Stöckchen die Ecken eures Beetes ab und verbindet diese dann mit einer Schnur. Vor euch seht ihr nun den Umriss eures neuen Beetes, den ihr jetzt noch optimieren könnt. Ihr solltet nämlich darauf achten, dass ihr noch bequem an die Saatreihen in der Mitte des Beetes kommt, um zwischendurch mal Unkraut zu jäten oder zu dicht gewachsene Pflanzen zu vereinzeln. Wenn ihr nicht im frisch gesäten Beet herumtrampeln wollt, müsst ihr die Beete von vornherein so anlegen, dass ihr von beiden Seiten aus gut mit einer Armlänge arbeiten könnt. Als Faustregel gilt hier: nicht breiter als 1,20 Meter – es sei denn, ihr habt sehr lange Arme oder einen Physiotherapeuten in der Familie. Die Länge des Beetes dagegen ist egal und richtet sich nach dem verfügbaren Platz.

Wenn ihr eine wirklich große Fläche, also eher einen Acker zur Verfügung habt, achtet ebenfalls darauf, dass ihr die einzelnen Pflanzreihen noch gut erreichen könnt.

Jetzt bereitet ihr aber erst einmal die Beetfläche vor. Das heißt, ihr räumt alles weg, was dort bisher gewachsen ist, grabt die Erde um, geht mit einer Unkrautharke – diese dreizinkige Kralle, die ihr auf einen Besenstiel stecken könnt – durch die Erde und sorgt dafür, dass sie locker und unkrautfrei ist. Wenn es nötig ist, die Erde zu optimieren, dann tut ihr das jetzt, indem ihr je nach Bodenqualität Kompost, Sand oder Gemüseerde untermischt (siehe Seite 17–19).

Kleinere Steine wie diese können gut im Boden bleiben, sie lockern das Erdreich auf. Nur die großen solltet ihr beim Umgraben entfernen.

»Plant bei größeren Beeten schmale Wege mit ein, die ihr dann später mit Gehwegplatten befestigen oder mit einer Pflasterung und Kies noch hübsch gestalten könnt.«

Wenn auf eurer neu gekürten Beetfläche bisher Rasen gewachsen ist, nehmt ihr die Grasnarbe einfach mit dem Spaten herunter – inklusive Wurzeln – und »entsorgt« sie auf dem Kompost. Ihr könnt den Rasen auch doppelt, also in doppelter Spatentiefe umgraben. So gelangt die Grasnarbe in tiefere Erdschichten, wo sie verrottet – und ihr habt keinen »Rasenabfall«. Sicherer und weniger anstrengend ist aber das Wegnehmen des Rasens, weil dann auch keine Rasenwurzeln mehr im Beet sind, aus welchen ständig wieder Gras wächst, was nervt.

Um das Beet gegen Schnecken zu schützen, die euch das ganze Gemüse wegfressen, könnt ihr anschließend einen Schneckenzaun als Außenbegrenzung der Pflanzfläche anlegen. Ich persönlich kann die Schneckenzäune aus Metall empfehlen, die von verschiedenen Herstellern angeboten werden: eine etwa 15 Zentimeter breite Metallleiste mit nach außen gebogenem Rand, über den sich die Schnecken schlichtweg nicht drüberschleimen können. Ein Superschutz, den ihr von Anfang an einbauen solltet. (Ihr ärgert euch sonst. Glaubt mir, ich weiß es.)

Das Schöne ist: Diese mitunter anstrengende Arbeit habt ihr nur einmal und die eigentliche Arbeit des Säens, Pflegens und Erntens ist nicht mehr schweißtreibend, sondern nur noch schön. Denn die Gemüsebeete und ihre Begrenzungen könnt ihr im nächsten Jahr genauso wiederverwenden – und im übernächsten auch. Wenn ihr dann pflanzt, müsst ihr nur noch ab und zu Kompost einarbeiten und schon ist das Bett für euer Gemüse wieder frisch gemacht.

- → Wenn ihr ein klassisches, bodennahes Beet anlegt, sollte es nicht breiter als 1,20 Meter sein.
- → Plant bei größeren Flächen zwischen den Pflanzstreifen schmale Wege ein.
- → Vergesst von Anfang an nicht den Schneckenschutz – ihr ärgert euch sonst.

WIE IHR EIN HOCHBEET BAUT – FÜR DEN BALKON ODER DEN GARTEN

Ziemlich im Trend liegen seit einiger Zeit Hochbeete. Sie haben den Vorteil, dass ihr damit auch auf dem Balkon oder einer versiegelten Terrasse ein Beet für den Gemüseanbau einrichten könnt. Denn mit dem Hochbeet entsteht eine tiefe (!) Fläche mit Erde – und mehr braucht ihr nicht, um frische Lebensmittel wachsen zu lassen, die etwas tiefer wurzeln oder bei denen es um die Wurzeln geht, wie zum Beispiel bei Möhren. Ein weiterer Vorteil: Ihr müsst euch zum Arbeiten weder lange hinknien noch tief herunterbücken, alles lässt sich gut im Stehen erledigen. Auch die Schneckenplage soll beim Hochbeet angeblich geringer ausfallen, ich hatte jedoch in diesem Jahr dort ebenfalls schleimigen Besuch. Aber bequemer ist es. Das stimmt.

Im Hochbeet ist die Erde etwas wärmer und die Schnecken nicht ganz so zahlreich. Das Gemüse profitiert von beidem und wächst üppig.

Wenn ihr euch für ein Hochbeet entscheidet, habt ihr verschiedene Möglichkeiten: Es gibt Bausätze im Baumarkt oder Internet, die ihr nur noch zusammenstecken müsst. Natürlich könnt ihr euch aus Holz auch selbst ein Hochbeet bauen. Der Fantasie sind keine Grenzen gesetzt, solange die Pflanzen in einer bequemen Arbeitshöhe wachsen.

Ich habe damals den Tipp befolgt und von innen eine Kunststofffolie an meinen Hochbeet-Bausatz getackert, damit die feuchte Erde und das Gießwasser das Kiefernholz nicht verrotten lassen. Diese Folie könnt ihr ebenfalls im Baumarkt, Gartencenter oder Internet erwerben. Wenn das Hochbeet nicht auf dem Balkon oder der versiegelten Terrasse steht, solltet ihr außerdem ein engmaschiges Netz als Boden an der Konstruktion anbringen, damit sich keine Wühlmäuse zu euren Pflanzen hochwühlen können, um vor euch zu ernten, was ihr so liebevoll gesät habt.

Für das Innere des Hochbeetes solltet ihr ein Schichtsystem anlegen: Das untere Drittel füllt ihr mit Ästen und Strauchschnitt. Dann kommt ein weiteres Drittel günstige Erde hinzu, die ihr aber mit Kompost, Garten- und Küchenabfällen mischen könnt. Erst das obere Drittel wird dann mit der qualitativ hochwertigen Gemüseerde aufgefüllt.

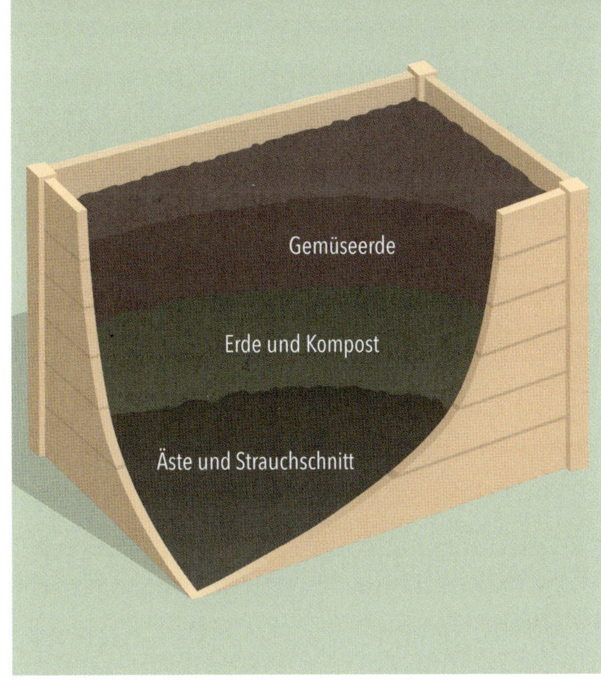

So schichtet ihr euer Hochbeet: Das untere Drittel besteht aus Ästen und Strauchschnitt, das mittlere aus günstiger Erde – gemischt mit Kompost, Garten- und Küchenabfällen – und das obere Drittel füllt ihr mit hochwertiger Gemüseerde.

Durch das Einarbeiten von viel frischem Kompost und Küchenabfällen (nur bitte kein Fleisch und nichts Gekochtes – das lockt Ratten an) hat das Hochbeet noch einen entscheidenden Vorteil gegenüber dem Bodenbeet: Durch den Verrottungsprozess entsteht Wärme und besonders guter Humus. Nicht selten fällt die Ernte im Hochbeet deshalb auch besser und üppiger aus als die Ernte vom normalen »Acker«.

- Ein Hochbeet ermöglicht Gärtnern auf bequemer Höhe.
- Es eignet sich auch für den Balkon oder die Terrasse.
- Ein Drahtgeflecht am Boden schützt vor Wühlmäusen.

WIE IHR AM BESTEN LOSLEGT – »EINFACH MACHEN« IST MEIN RAT

Ich würde sagen, dann fangen wir an, oder? Wenn ihr – wie ich vor zwei Jahren – tatsächlich noch nie zuvor ausprobiert habt, Gemüse anzubauen, kann ich euch folgenden sehr gut gemeinten Rat geben: Beginnt mit Gemüsearten, die euch einen schnellen Erfolg garantieren, die leicht zu pflanzen und zu pflegen sind und bei denen ihr nicht ewig lang bis zur Ernte warten müsst. Beginnt mit einem Motivationsbooster: mit Radieschen, Salat, Möhren, Kohlrabi, Kräutern oder Kartoffeln. Denn diese Leckereien müsst ihr nicht vorziehen, sondern könnt sie direkt draußen ins Beet säen beziehungsweise die Saatknollen direkt einsetzen.

Saatbänder machen es euch besonders einfach, weil die Samen so ganz automatisch im richtigen Abstand ausgebracht werden.

Wenn ihr Samentüten im Baumarkt, Supermarkt, Gartenmarkt, Bioladen oder im Internet kauft, dann findet ihr auf der Verpackung immer einen Hinweis, ob die Samen darin lose sind oder ob sie in einem Saatband aus Vlies stecken. Dieses Band könnt ihr mit einbuddeln und es stellt sicher, dass die Abstände zwischen den Samen und damit auch zwischen den späteren Pflanzen genügend groß sind. Wenn die Samen nämlich zu dicht in der Erde liegen, müsst ihr die kleinen Pflanzen später vereinzeln. Das heißt, ihr müsst jede zweite oder dritte rausziehen und wegwerfen, was mir persönlich immer schwergefallen ist, weil ich bei allen so stolz war, dass überhaupt etwas keimte, obwohl ich meine Hände im Spiel hatte. Der Kauf eines Saatbandes erspart euch also einen Arbeitsschritt. Das finde ich hilfreich, wenn man ohne grünen Daumen loslegen will.

Wichtig ist auch, dass ihr mit einem Gemüse beginnt, auf das ihr wirklich Lust habt. Mir wurde zum Beispiel immer nahegelegt, es mit Erbsen und Bohnen zu versuchen, aber da ich beides nicht so gern esse, habe ich mich auf die Gemüsearten konzentriert, die ich auch wirklich mag.

In einigen Gartenbüchern werdet ihr auch Anleitungen finden, die sich zunächst mit Fruchtfolgen auseinandersetzen und die Gemüse in Wenig-,

Radieschen und Salat: Da kann eigentlich nichts schiefgehen. Daher sind sie in meinen Augen das ideale Einsteiger-Gemüse.

Mittel- und Starkzehrer einteilen, bevor es ans Pflanzen geht. Mich hat das anfangs ehrlich gesagt überfordert. Ich wollte mein Beet noch gar nicht so anlegen, dass ich von Beginn der Gartensaison bis zum Ende immer etwas neu säen und ernten konnte. Ich wollte erst mal loslegen und ausprobieren, ob mir das Ganze überhaupt Spaß macht. Ob da tatsächlich etwas wächst, wenn ich pflanze. Und ich darf euch verraten, es hat tatsächlich geklappt – auch weil ich mit dem »einfachen« Gemüse begonnen habe, ohne mich zunächst mit zu viel Theorie zu belasten.

Ich finde, ein praktischer Erfolg direkt am Anfang ist wichtig, damit die Lust an der Sache nicht gleich verloren geht. Das ist letztlich genauso wie bei einer Sportart, die man neu lernt. Zu viel Theorie und Technik am Anfang verleiden einem das Ganze. Beim Skifahren einfach mal einen Hang runterheizen, um eine Idee von dem Gefühl zu bekommen, macht mehr Spaß, als sich am Babyhang mit Schneepflugübungen und der Theorie vom richtigen Stockeinsatz rumzuplagen. Und ein Schrittausritt zu Pferd im Gelände ist allemal motivierender als die zehnte Sitzschulung an der Longe. Also, holt euch Blumentopf und Erde, befüllt euer Wohnzimmer- oder Balkonhochbeet, macht das Gartenbeet startklar und kauft euch Radieschen- und Salatsamen.

Einfach machen: Innerhalb weniger Monate ist aus meinem Garten eine kleine grüne Oase entstanden, in der ich mich im Sommer selbst versorgen kann.

Möhren, Kartoffeln und Tomaten statt Rhododendron und Rosen: Mein Garten ist heute ein »Gemüseladen«.

WIE AUS MEINEM ZIERGARTEN EIN GEMÜSEGARTEN WURDE

Im Vorwort und in der Einleitung hat es sich wahrscheinlich schon hinreichend vermittelt, aber ich bringe es gern noch mal auf den Punkt: Ich war zeitlebens ein Vollhonk in Sachen Garten. Ich hatte weder Erfahrung mit dem Thema Gärtnern noch mit dem Anbau von Obst und Gemüse. Aber ich hatte die Idee, jetzt Selbstversorgerin sein zu wollen. Von 0 auf 100 in einer Saison. Das war mein erklärtes Ziel und ich war absolut bereit, für die Umsetzung dieses Ziels Mühe und Anstrengung in Kauf zu nehmen.

Und so begann dieses Projekt – sehr typisch für mich – zuerst mit dem Erwerb von Dutzenden Gartenbüchern über das Selbstversorgen und den Gemüseanbau. Auf allen Büchern stand irgendwas mit »Anfänger«, »Beginner« oder »Einsteiger«. Und doch fand ich in keinem alle Antworten auf die Fragen, die ich nun plötzlich hatte. Entweder es wurde schon zu viel Wissen vorausgesetzt oder ich bekam einfach nicht die praktischen Tipps, die ich mir gewünscht hatte. Ich erweiterte mein Recherchematerial deshalb um Tutorials im Internet und um Online-Portale, in denen ich qualifizierten Content zum Thema Gemüseanbau finden konnte. Ich las viel – und fand auch vieles erst mal überflüssig. Die Informationen über die richtige Fruchtfolge im Beet, über den Fruchtwechsel in der Folgesaison und die Einteilung der Pflanzen in Kreuzblütler, Doldenblütler, Schmetterlingsblütler, Gänsefußgewächse, Nachtschattengewächse und Kürbisgewächse schreckten mich sogar regelrecht ab. Ich wollte doch einfach nur ein paar Radieschen, Salat und Tomaten pflanzen? Aber ich traute mich plötzlich gar nicht mehr. Denn da stand was von »Anzuchtschale«. Von »pikieren« und »ausgeizen«. Je mehr ich las, desto mehr dachte ich: »Okay, das ist kompliziert. Dazu braucht man Vorwissen. Das ist nichts für eine komplett Ahnungslose wie mich!«

Aber dann traute ich mich zum Glück doch. Ich schrieb mir alle Gemüsearten auf, die ich gern esse, und begann, gezielt zu recherchieren: Was muss ich für Radieschen tun? Wie funktioniert der Anbau von Tomaten? An was und wie wachsen eigentlich Salatgurken? Und Kartoffeln: Geht das auch auf kleiner Fläche? Dann schrieb ich mir mithilfe der ganzen Bücher und Tutorials eine Einkaufsliste und fuhr zum Gartencenter. Anzuchtschale, Pikierstab, Blumentöpfe, Sprühflasche, Gemüsesamen und Erde standen auf dem Zettel.

Zurück kam ich mit einem riesigen Einkaufswagen voller Gartenutensilien (das ist auch typisch für mich!) und gefühlt drei Trillionen Samentüten. Und zu Hause begann ich als Erstes damit, die Tomatensamen einzusäen. Ich war nämlich eigentlich schon viel zu spät dran. Es war Anfang April und in den Büchern stand, dass man Tomaten im Februar vorziehen sollte. Egal, dachte ich. Ich versuche das jetzt einfach mal. Ich füllte also die Anzuchtschale mit Erde und legte feierlich die Samen hinein, deckte diese vorsichtigst mit Erde zu und benebelte das Ganze mit der Sprühflasche. Nach zwei Minuten war der Drops gelutscht: die Samen waren in der Erde und ich dachte: »Das war es jetzt schon?« Wenn das ab jetzt immer so schnell geht, dann kriege ich das im nächsten Jahr auch früher hin.

In den nächsten vier Tagen führte mich der erste Weg morgens nach dem Aufstehen (noch vor der Kaffeemaschine!) zu der Schale, die ich auf meiner sonnigsten Fensterbank platziert hatte. Jeden Morgen nahm ich den Deckel herunter und suchte nach den ersten Keimen. Aber nichts passierte. Bis ich an Tag fünf plötzlich überall knallgrüne, kräftige Keime entdeckte. Es hatte funktioniert! Über Nacht waren sie plötzlich alle gleichzeitig aus der Erde gekommen. Hallelujah! Ich war so glücklich, dass ich ein Foto davon schoss und es auf meinem Instagram-Kanal veröffentlichte. Unterlegt mit dem Song »Hello« von Beyonce und vor Freude hüpfenden Tomaten-GIFs. Ohne diesen ersten Post würde es dieses Buch nicht geben. Denn von da an wurde ich immer wieder nach Tipps gefragt. Von Menschen, die Hoffnung schöpften, weil ich es als Anfängerin auch irgendwie hinkriegte.

Dieses Glücksgefühl, wenn aus Samen tatsächlich Keimlinge sprießen …

GEMÜSE FÜR DEN SCHNELLEN ERFOLG – DIE MOTIVATIONSBOOSTER

Vertraut mir einfach, wenn ich euch sage, dass ihr nicht mit Tomaten beginnen solltet, auch wenn ich das damals so gemacht habe. Im Rückblick war das ein Fehler, denn Tomaten sind wahnsinnig pflegeintensiv. So richtig Spaß machen dagegen die folgenden Gemüsearten, weil ihr bei ihnen extrem schnell Erfolge seht, für die ihr kaum etwas tun musstet.

RADIESCHEN

Gehen wir davon aus, ihr entscheidet euch als Erstes für den Anbau von Radieschen. Eine wundervolle Entscheidung, denn Radieschen sind wahnsinnig pflegleicht und vom Samen-in-die-Erde-Legen bis zum Ernten vergehen nur etwa vier bis sechs Wochen. Ich bin mir sicher: Wenn ihr diesen rasanten Ernteerfolg einmal erlebt habt, habt ihr Blut geleckt. Bei mir auf jeden Fall war das so. Wenn ihr euch dann noch Samen mit der Bezeichnung »Radies Ostereier-Mix« kauft, dann habt ihr sogar etwas, was es im Supermarkt gar nicht zu kaufen gibt. Denn die Radieschen dieses Sortenmixes sind bunt: Ihr werdet im Farbspektrum Weiß, Gelb, Rot, Pink- und Lilafarben ernten können. Ein Augenschmaus auf eurem Küchentisch! Und weil es sich um Samen unterschiedlicher Sorten handelt, reifen sie auch unterschiedlich schnell und ihr könnt sie von März bis September anbauen und ernten.

Zieht mit eurem Finger einfach eine schmale, etwa 0,5 Zentimeter tiefe Linie ins Beet oder in euren Blumenkasten. Dort hinein legt ihr die Körner im Abstand von etwa 3–4 Zentimeter und bedeckt sie dann wieder vorsichtig mit Erde. Habt ihr Platz für eine zweite Reihe Samen, so lasst etwa 10 Zentimeter Abstand zur ersten.

Wenn die Samen im Boden sind, gießt ihr. Aber vorsichtig: Die Samen dürfen durch die Wassermenge oder einen zu harten Wasserstrahl nicht gleich wieder weggeschwemmt werden. Setzt den Brausekopf auf eure Gießkanne oder stellt den Schlauch auf Sprühnebel.

Nach etwa acht bis 15 Tagen werdet ihr kleine grüne Keime sehen, die sich durch die Erde ans Licht gebohrt haben. Und etwa vier bis sechs Wochen danach könnt ihr bereits die fertigen Radieschen ernten. In der Zwischenzeit braucht ihr lediglich für genug Wasser zu sorgen. Ihr müsst aber nicht jeden Tag gießen. Wenn ihr berufstätig und viel unterwegs seid, geht das ja auch gar nicht. Aber achtet darauf, dass der Boden nicht komplett austrocknet.

Wenn ihr euch für eine andere Radieschensorte entscheidet, dann befolgt einfach die Anweisungen hinten auf dem Samentütchen. Dort ist alles immer ziemlich genau beschrieben.

Übrigens: Wenn euer Beet oder Hochbeet groß genug ist, wäre Salat ein idealer Nachbar für die Radieschen. Im Folgenden stelle ich euch einige Sorten vor, mit denen ich gute Erfahrungen gemacht habe.

SALAT

Ebenso einfach ist es, Salat anzubauen – und mein Sortentipp für den Anfang heißt: »Babyleaf-Blattsalat-Mischung«. Sie ist für das Gartenbeet, den Balkon und das Indoor-Beet geeignet, wächst schnell und ihr könnt mehrfach ernten. Die Mischung, die ich gerne mag, besteht aus Lollo Rosso, Lollo Bionda, Salad Bowl und Red Salad Bowl. Mit einem Mal aussäen habe ich so nämlich schon nach wenigen Wochen einen großen, bunten, schmackhaften Salat auf dem Tisch. Achtet hier auf das Saatband, es kostet kaum mehr als die Lose-Samen-Mischung, erleichtert euch die Aussaat aber sehr. Zwischen Ende März und August legt ihr das Saatband in eine etwa 1 Zentimeter tiefe Erdfurche. Dann feuchtet ihr es mit Wasser an und bedeckt es vorsichtig wieder mit Erde. Dann noch mal wässern.

Damit mir die Schnecken nicht alles wegfressen, habe ich meinen Salat im Hochbeet und im Gewächshaus gepflanzt.

Die Schnitt- und Pflücksalate, die in dieser Mischung enthalten sind, bilden keine Salatköpfe, die ihr im Ganzen erntet, sondern Blattrosetten. Wenn die Blätter nach wenigen Wochen etwa 20 Zentimeter hoch sind, könnt ihr die äußeren Blätter mit dem Messer abschneiden und verwerten. Lasst ihr die Blattrosette innen unverletzt, so können daraus jetzt immer wieder neue Blätter nachwachsen, die ihr ernten könnt.

Wenn ihr es mit einem richtigen Kopfsalat probieren wollt, dann kann ich die Sorte »Attractie« empfehlen. Sie wächst schnell und entwickelt schöne große, hellgrüne Salatköpfe mit weichen Blättern. Die Samen müssen ebenfalls etwa 0,5 Zentimeter in die Erde und gut feucht gehalten werden. Sie keimen nach sechs bis zwölf Tagen und wachsen dann schnell zu einem großen Salatkopf, den ihr dann im Ganzen erntet. Wenn ihr ihn möchtet, könnt ihr ihn danach im selben Jahr noch einmal nachsäen.

Esst ihr wie ich gern Rucolasalat mit Tomaten und Parmesan (das Rezept dafür verrate ich euch übrigens auf Seite 217), dann könnt ihr in Zukunft auch dafür die Zutaten aus eurem Garten holen. Denn der Anbau von Salatrauke, das ist der deutsche Name für Rucola, ist ebenfalls einfach. Ich

Vom Rucola genügt oft schon eine Handvoll, weil er so ein wunderbar intensives Aroma hat – nussig, scharf und leicht bitter.

also für Beete im Garten oder fürs Hochbeet auf dem Balkon geeignet und wird zwischen März und Juni ausgesät. Je nach Einsaat könnt ihr dann zwischen Juni und November wunderbar dunkelgrüne, kompakte Salatköpfe ernten, die sehr schmackhaft sind.

Eine tolle Entdeckung ist dieser Eisbergsalat namens »Maugli«. Er ist schön knackig und verträgt das Hamburger Klima ausgezeichnet.

habe die Sorte »Salatrauke Speedy« in meinem Hochbeet draußen ausprobiert, sie eignet sich jedoch auch für die Pflanzung im Indoor-Blumentopf oder Blumenkasten auf dem Balkon.

Zwischen Mitte März und August solltet ihr die Samen im Abstand von etwa 5 Zentimeter in die Erde bringen und schon nach wenigen Tagen zeigen sich die ersten Blätter dem Tageslicht. Indoor könnt ihr nach Herstellerangaben sogar ganzjährig säen und ernten, aber das habe ich selbst noch nicht ausprobiert. Vier bis sechs Wochen nach der Aussaat könnt ihr bereits ernten. Der nussig-scharfe Geschmack wird euch begeistern.

Kleiner Tipp: Recherchiert auch mal im Internet nach Salatsamen. Ich bin dort auf die Eisbergsalatsorte »Maugli« gestoßen, die mich sehr begeistert hat. Diese Sorte ist für das Freiland,

KARTOFFELN

Ich muss zugeben, dass ich in den letzten Jahren recht wenig Kartoffeln gegessen habe, weil ich die Kohlenhydrate darin lieber in Schokolade investiert habe. Aber ich habe dieses Gemüse für mich wiederentdeckt. Über den Garten. Denn ich sage euch: Nur wenig ist befriedigender, als eine Pflanzkartoffel in den Boden zu stecken und wenige Wochen später die vielfache Menge davon wieder auszubuddeln.

Bei Zwiebeln zum Beispiel steckt ihr eine kleine Saatzwiebel in den Boden und bekommt eine größere Zwiebel wieder raus. Ihr müsst dazu zwar auch nichts weiter machen, als den Boden feucht zu halten – sie wächst von allein. Aber der Output ist einfach so überschaubar: eine rein und eine wieder raus (mehr dazu noch auf Seite 56–57).

Mit so einem Kartoffelsack könnt ihr sogar im Ein-Zimmer-Appartement eure eigene kleine Kartoffelfarm aufziehen.

Bei Kartoffeln ist das anders: 1 rein und 10 bis 15 wieder raus! Weil aus jeder Kartoffel eine ganze Pflanze wächst, die etliche neue Kartoffeln produziert. Ich finde das großartig. Hinzu kommt dieses archaische Gefühl, wenn ihr zur Erntezeit im Boden wühlt und immer neue Kartoffeln dort findet. Da macht sich fast Goldgräberstimmung breit. Wirklich! Ich muss sagen, Kartoffeln finde ich mittlerweile am allertollsten im Gemüsegarten. Aber von vorn.

Ihr habt mehrere Möglichkeiten, Kartoffeln zu pflanzen. Beginnen wir mit der, die ihr sogar in einer kleinen Wohnung umsetzen könnt: Ihr nehmt euch einfach einen großen Jutesack. Oder ihr kauft euch im Handel einen »Kartoffelpflanzsack«. Letzterer hat den Vorteil, dass er im unteren Bereich eine eingenähte Öffnung hat, durch die ihr die Kartoffeln entnehmen könnt, ohne dass ihr oben die ganze Pflanze rausrupfen müsst. Ihr füllt den Sack zu zwei Dritteln mit Erde. Dann legt ihr (je nach Größe des Sacks) drei oder vier Pflanzkartoffeln hinein und füllt das letzte Drittel Erde obendrauf. Jetzt den Sack einfach in eine sonnige Ecke des Raums stellen, ab und zu gießen und warten. Zuerst werdet ihr kleine Triebe sehen, die sich durch den Boden bohren. Dann wächst daraus eine Pflanze, die durchaus einen Meter hoch werden kann. Wenn ihr den Pflanzsack vor eine Wand stellt, kann sich die Pflanze dort »anlehnen«. Sonst würde sie irgendwann umkippen.

Pflanze ist hier übrigens fast ein Euphemismus, denn das, was da oben rauswächst, erinnert eher an Gestrüpp. Vor allem dann, wenn es zur Erntezeit hin welk wird und austrocknet. Das ist übrigens kein Zeichen für zu wenig Wasser, sondern eins dafür, dass ihr alles richtig gemacht habt. Die Kartoffelpflanze wird nämlich oben welk, wenn die Kartoffeln unten reif sind. Ausgetrocknetes Gestrüpp oben heißt für euch also: Erntezeit!

1
2
3
4

1
2
3
4

Ihr könnt euch nicht vorstellen, wie lecker diese frisch geernteten Kartoffeln sind. Wenn sie noch jung und klein sind, dann ist die Schale so zart, dass ihr sie nicht schälen müsst. Aber auch die großen Kartoffeln waren immer so zart besaitet, dass ich sie nur mit der Bürste abgeschrubbt habe, bevor ich sie auf den Grill gelegt habe. Ein leckeres Rezept dazu findet ihr im dritten Teil dieses Buches (siehe Seite 224).

Wenn ihr mit einem Hochbeet auf der Terrasse oder dem Balkon arbeitet oder einen Garten habt, dann könnt ihr größer denken und euch gleich ein ganzes Kartoffelbeet anlegen. Ich verspreche euch: Das macht richtig Spaß! Zuerst zieht ihr »Kartoffelfurchen«. Das heißt, ihr buddelt eine etwa 20 Zentimeter tiefe keilförmige Rille und legt die Pflanz- oder Saatkartoffeln in etwa 30 Zentimeter Abstand zueinander und mit dem Austrieb nach oben hinein. Dann bedeckt ihr die Kartoffeln etwa 10 Zentimeter mit Erde.

Den Rest der Erde, die ihr für das Anlegen der Furche zur Seite gebuddelt hattet, lasst ihr erst einmal dort liegen. Sobald die Triebe dann nach oben ans Licht gewachsen sind und die Pflanzen etwa 10 Zentimeter hoch sind, gebt ihr wieder 10 Zentimeter Erde auf die Pflanzen, sodass sie erneut komplett bedeckt sind. Und wenn sie es nach einigen Tagen wieder geschafft haben, sich oben im Licht zu zeigen, schaufelt ihr noch mal etwa 10 Zentimeter Erde auf sie drauf. Jetzt wachsen eure Kartoffeln auf einem Hügel, während zwischen den Kartoffelreihen eine kleine Furche entstanden ist. Ich habe das Ganze sogar noch ein viertes Mal gemacht, sodass ich am Ende einen richtigen kleinen »Kartoffelwall« hatte, weil ich immer wieder Erde angehäufelt habe. So heißt das übrigens im Fachjargon: die Kartoffeln anhäufeln. Aber ansonsten müsst ihr auch hier nichts weiter machen, außer gießen, wenn es zu wenig regnet – einfach warten, dass alles wächst. Und nach etwa drei Monaten könnt ihr ernten.

Die Pflanzkartoffeln bekommt ihr übrigens im Handel, in einem Baumarkt mit Gartenabteilung oder im Gartenmarkt. Ihr könnt aber auch einfach Bio-Kartoffeln im Supermarkt kaufen und die dann an einem dunklen Ort treiben lassen. Wenn aus den Kartoffeln kleine grüne Triebe wachsen, sind sie zu Pflanz- beziehungsweise Saatkartoffeln geworden und ihr könnt sie einpflanzen. Theoretisch könntet ihr die Kartoffeln sogar direkt ins Beet legen und dort treiben lassen. Aber dann dauert der ganze Prozess sehr lang.

Eine noch bessere Idee ist es, eine Kartoffel genau unter die Lupe zu nehmen, die schon ausgetrieben hat. Ihr werdet sehen, dass sie meistens nicht nur einen Trieb hat, sondern mehrere. Schneidet die Kartoffel dann einfach in kleinere Stücke, von denen jedes einen eigenen Trieb oder ein »Auge« hat (Augen sind die Stellen, aus denen die Triebe wachsen; ihr seht dann so kleine Kreise). Ihr könnt nämlich auch diese einzelnen Stücke als Pflanzkartoffeln verwenden und habt so im Handumdrehen ein Vielfaches an Saatgut mehr.

Ich habe gute Erfahrungen mit der Sorte »Sieglinde« gemacht. Sie gehört zu den »frühen« Sorten, das heißt, ihr legt sie im April in die Erde und könnt schon im Juli ernten. Außerdem kann ich die Sorte »Blaue St. Galler« empfehlen. Sie kommt ebenfalls im April in die Erde, wird aber erst im August geerntet. Ihre Knollen sind lilafarben und sehen zwischen dem Grillgemüse wie Schmuckstücke aus.

Übrigens: Wenn eine Kartoffel sich grünlich verfärbt (die Verfärbung ist dann stark, ihr seht sie auf den ersten Blick), solltet ihr sie nicht mehr essen. Dann ist sie ungenießbar.

MÖHREN

Für mich gehören auch Möhren zum Motivationsgemüse, obwohl meine beim ersten Versuch, sie zu pflanzen, viel zu klein waren. Das lag aber daran, dass ich wichtige Tipps nicht beherzigt habe, weil ich schlichtweg nichts von ihnen wusste.

Der erste Tipp lautet: Kauft die Samen schon fertig auf einem Saatband. Denn Möhren müsst ihr ausdünnen, wenn sie schön groß werden sollen. Haben sie nicht genug Platz im Beet, dann bleiben es kleine, schwindsüchtige, dünne Wurzeln, an denen ihr keinen Spaß habt. Das Saatband ist also hier schon mal die halbe Miete.

Trotzdem solltet ihr die Möhren ein bisschen im Blick behalten. Wenn sie trotz Saatband so eng stehen, dass sie sich beim weiteren Wachsen ins Gehege kommen würden, dann müsst ihr einige Pflänzchen aus dem Beet entfernen, das heißt, ihr müsst sie ausdünnen. Ich weiß, dass das nicht einfach ist. Ihr werdet verstehen, was ich meine, wenn ihr es das erste Mal macht. Weil man selbst die Auslese treffen muss und bei den zu eng stehenden Möhren natürlich die entfernt, die am kleinsten und dünnsten sind. Das tut weh, denn ihr werdet stolz auf alles sein, was bei euch wächst – auch auf die schwächeren Möhrchen. Vielleicht tröstet ihr euch damit, dass die Möhren zu ganz wunderbarem Humus werden, wenn ihr sie auf den Komposthaufen werft. Vielleicht freut sich auch ein Pferd auf Nachbars Weide oder beim Spazierengehen darüber. Bei Pferden dann aber bitte nicht das Blattgrün füttern: nur die kleine Möhre untendran.

Aber von vorn: Ihr müsst ja erst noch einsäen. Das könnt ihr ab März bis Juni tun – direkt draußen ins Beet. Ihr zieht mit dem Finger wieder eine ca. 1 Zentimeter tiefe Furche in euer Beet oder Hochbeet und legt das Saatband hinein. Dann befeuchtet ihr es vorsichtig und packt die Erde wieder obendrauf. Dann nur feucht halten und den Möhren beim Wachsen zusehen.

Zuerst wird das Grün oben aus der Erde wachsen und dann entwickelt sich unten im Boden auch die Möhre immer mehr. Am Ende wird sie oben sogar ein klein wenig aus der Erde gucken, sodass ihr, ohne zu buddeln, sehen könnt, wie groß die Möhre schon geworden ist.

Geerntet werden die Möhren dann, wenn ihr Lust darauf habt, sie als Rohkost in den Salat zu schneiden, direkt zu knabbern oder zu kochen. Im dritten Teil dieses Buches habe ich ein paar Tipps für euch zusammengestellt, wie ihr die einzelnen Ge-

Damit Möhren so schön werden wie auf dem Bild links, dürfen sie nicht zu dicht stehen. Was wie hier zu eng wächst, müsst ihr ausdünnen.

Wenn die Möhren im Beet nicht genug Platz haben, bleiben sie klein. Schmecken tun sie trotzdem, wie man sieht.

müse aus eurem Garten verarbeiten und richtig lagern könnt. Denn im Idealfall habt ihr das ganze Jahr etwas von eurem selbst gezüchteten Gemüse und nicht nur zur Erntezeit.

Es gibt übrigens sehr viele verschiedene Möhrensorten. Bei mir hat die Sorte »Nantaise« überhaupt nicht funktioniert, die Sorte »Narbonne« dafür sehr gut. Und schon im zweiten Jahr habe ich mich getraut, auch Möhren anzupflanzen, die es eben nicht gibt im Supermarkt. Möhren, die von außen lila sind und von innen orange. Eine solche Sorte heißt »Purple Haze« und sieht toll aus, wenn ihr Grillgemüse damit macht.

Ich gebe hier übrigens gern zu, dass ich die Möhren auch deshalb zum Motivationsgemüse zähle, weil ich sie so vielfältig verwenden kann: Ich liebe es, sie direkt als Rohkost zu snacken, ich mag sie aber auch als warmes Gemüse. Meine Stute Sazou leckt sich alle vier Hufe danach ab und auch die Hühner und Küken kann ich damit glücklich machen. Wenn ihr Homefarming betreibt, darf die Möhre einfach nicht fehlen.

Als Youngster ist Kohlrabi noch sehr zart – und ein Festessen für Schnecken. Ihr solltet ihn daher unbedingt mit einem Schneckenzaun schützen.

Im Gewächshaus hat mein Kohlrabi übrigens ganz besonders gut funktioniert, auch weil dort komplett schneckenfreie Zone ist. Draußen im Beet ist die Knolle etwas krumpelig geworden, aber geschmeckt hat sie trotzdem.

Das Tolle an Kohlrabi ist: Er hält sich im Beet sehr lang. Das heißt, ihr könnt euch Zeit lassen mit dem Ernten, auf einen Tag mehr oder weniger kommt es nicht an. Kohlrabi wird nicht schlecht im Beet, sodass ihr sieben Wochen nach der Aussaat ernten könnt oder auch erst zwölf Wochen danach. Nur wenn ihr sie noch länger stehen lasst, »verholzen« die Knollen und bilden innen harte Fasern.

KOHLRABI

Habt ihr schon mal Kohlrabi gegessen? Und wenn ja: War er dann in weiße Stifte geschnitten und schwamm in einer geschmacksfreien beigefarbenen Grundsoße? So jedenfalls kannte ich Kohlrabi und fand ihn als Gemüse deshalb todlangweilig. Ich möchte euch dennoch raten, es mal mit Kohlrabi im Garten zu versuchen, weil diese Pflanze einfach wunderschön und anspruchslos ist. Ihr sät die Samen mit ordentlichem Abstand (etwa 30 Zentimeter) im April oder Mai direkt ins Beet oder Hochbeet und habt dann im August eine wirklich schöne, große Kohlrabi-Knolle, die ihr ganz wunderbar auf den Grill legen könnt. Mariniert mit Balsamico-Essig, etwas Knoblauch, Olivenöl, Salz und Pfeffer ist das ein Traum. Und ersetzt sogar das Grillfleisch, weil man den Kohlrabi in Scheiben geschnitten servieren kann und so richtig was zu beißen hat. Das Rezept findet ihr im dritten Teil des Buches (siehe Seite 223). Ihr müsst es probieren! Denn Kohlrabi ist wirklich eine Entdeckung und außerdem total gesund: Er ist sehr Vitamin-C-haltig, hat viel Magnesium und einen Blähbauch bekommt ihr davon auch nicht.

Ein Prachtexemplar von einem Kohlrabi – und in meinem Garten wächst gleich eine ganze Reihe davon.

KRÄUTER

Wollt ihr es auch mit Kräutern probieren? Ich kann euch nur dazu ermuntern. Denn ich habe schon so viele Kräutertöpfe aus dem Supermarkt in kürzester Zeit bei mir in der Küche eingehen sehen, dass ich die gesunden selbst gezogenen Kräuterpflanzen aus dem Garten oder von der Fensterbank wirklich empfehlen kann.

Kauft euch einfach Samen von den Kräutern, die ihr gerne esst und zum Kochen benutzt. Ich habe gute Erfahrung gemacht mit feinblättrigem Basilikum, Thymian, Petersilie und Pfefferminze. Rosmarin dagegen ist eine Herausforderung. Vor ihm kann ich euch ganz am Anfang nur warnen. Denn Rosmarin müsst ihr bei euch im Haus vorziehen. Seine Samen sprießen nur bei zimmerwarmen

Basilikum aus dem Supermarkt macht bei mir immer noch regelmäßig schlapp. Aber das selbst gezogene wuchert geradezu. Es gibt außerdem auch viele verschiedene Sorten, die ihr aussäen könnt – probiert mal Thai-Basilikum.

Heimische Kräuter wie Petersilie mögen gern einen etwas »fetteren« Boden; die mediterranen bevorzugen ihn eher trocken und sandig.

Temperaturen. Und dieses Vorziehen von Pflanzen beschreibe ich aus guten Gründen erst später (siehe Seite 48–50).

Wenn ihr eigene Kräuter säen wollt, dann könnt ihr dies in einzelnen Töpfen tun, die ihr vors Fenster stellt, oder in einem Blumenkasten, einer Schale, im Hochbeet oder in einem Beet draußen im Garten. Viele Kräuter sind so schön, dass ihr sie sogar zwischen eure Zierpflanzen setzen könntet. Ein Beet mit Thymian und Lavendel zum Beispiel sieht wirklich gut aus.

Da die Kräuter aus unterschiedlichen Regionen und Klimazonen stammen, müsst ihr beim Aussuchen der Erde ein bisschen aufpassen. Die meisten Kräuter brauchen etwas weniger Nährstoffe und bevorzugen daher Erde, die eher sandig ist und wenig Humusanteil aufweist. Im Handel könnt ihr fertige Kräutererde kaufen, die darauf abgestimmt ist. Aber da Kräuter, wie gesagt, durchaus unterschiedliche Ansprüche stellen, ist auch die Kräutererde nicht für alle passend. Petersilie und Dill etwa brauchen etwas mehr Nährstoffe. Für sie könnt ihr auch die normale Gemüseerde nehmen.

Ich habe in mein Kräuterbeet einfach die Erde gefüllt, die Günter Grabowski mir aus dem Rasenbereich geliefert hat. Mit ihr sind alle meine Kräuter gut zurechtgekommen. Ich habe nur darauf geachtet, die richtigen Kräuter nebeneinanderzupflanzen: Basilikum und Thymian teilen sich ein Minibeet und auf der anderen Seite wachsen Petersilie und Dill. Letztere bekommen ab und zu etwas Düngung, weil sie etwas mehr Nährstoffbedarf haben als die beiden anderen.

- **Mediterrane Kräuter mögen es eher sandig und wachsen gut in Kräutererde.**
- **Heimische Kräuter wie Petersilie und Dill brauchen etwas mehr Nährstoffe.**

Ein Buch, das Anfängern alle Fragen beantwortet und kein Vorwissen voraussetzt: Das war mein Ziel.

WIE DIE IDEE ZU DIESEM BUCH ENTSTAND

Nachdem die Tomaten in der Anzuchtschale so schön gekeimt hatten, war ich erst recht übermotiviert. Es war mittlerweile April, es gab keinen Nachtfrost mehr, ich hatte die Hochbeete aufgebaut und die Beete am Boden mit Schneckenzäunen ausgestattet. Also begann ich zu säen: Möhren, Schnitt- und Pflücksalat, Kopfsalat, Rucola, Kohlrabi und Radieschen. Ich steckte Zwiebeln in die Erde, pflanzte Erdbeeren, Himbeerbüsche, Blaubeeren, Brombeeren, zwei Apfelbäume, eine Kirsche und eine weitere Mirabelle. Und fühlte mich gut.

In meinen Augen hatte ich nun alles getan, um eine reiche Ernte einzufahren. Auch Nachbar Uwe war beeindruckt. So deutete ich das im Nachhinein. In Wirklichkeit stand er kopfschüttelnd vor meinem Gemüsegarten und sagte: »Du machst zu viel, Judith. Das ist alles viel zu viel.« Ich antwortete damals: »Ich gehe davon aus, dass maximal fünf Prozent aller Pflanzen durchkommen bei meinem nicht vorhandenen Gärtnerglück. Den Ausschuss plane ich jetzt gleich mit ein.« Was soll ich sagen? Es war am Ende genau andersrum: Nur wenig wurde nichts und das allermeiste funktionierte. Und das bei mir!

Schon im ersten Jahr musste ich zur Erntesaison fast nichts mehr zukaufen und so fasste ich den Entschluss, im nächsten Jahr noch mehr Flächen im Garten mit Gemüseanbau zu bewirtschaften. Ich räumte also noch eine weitere bis dato wild bewucherte Fläche von etwa 50 Quadratmeter frei, um in Zukunft auch Kartoffeln, Zucchini, Kürbis und Aubergine anbauen zu können. Ich arbeitete schon im Herbst Pferdemist in die Beete ein, damit es im Frühjahr gleich losgehen konnte.

Ich begann dieses Mal schon im Januar mit der Anzucht der Tomatenpflanzen und zog auch Zucchini und Kürbis vor, um pünktlich zur Draußen-Saison starke Youngster-Pflanzen zu haben. Und dann kam Corona. Und mit dem Teil-Lockdown im April kamen Bilder, die ich bis dato nur aus Geschichtsbüchern kannte: Supermärkte mit leeren Regalen. Nicht nur das Klopapier war ausverkauft, sondern auch das komplette frische Gemüse, das Fleisch, die Konserven. Und ich stand vor den Regalen und dachte nur: »Gut, dass ich auf meiner kleinen Farm jetzt eigene Lebensmittel habe. Wenn hier alle Lieferketten zusammenbrechen, dann kann ich mich immerhin noch irgendwie ernähren.« Wie wir alle wissen, kam es nicht so schlimm. Die Versorgung der Bevölkerung war zu jedem Zeitpunkt sichergestellt. Allein die Hamsterkäufe führten zu den leeren Regalen und einer zunehmenden Unsicherheit.

Im Zuge der Ausgangsbeschränkungen und der #Stayathome-Appelle – in einer Zeit also, in der alle ihr Zuhause plötzlich neu entdeckten – veröffentlichte ich auf meinem Instagram-Kanal ein folgenreiches kleines Video, in dem ich meine Follower mit Augenzwinkern animierte, es doch mal mit »Hamster-Planting« zu versuchen anstelle von »Hamster-Shopping«. Und ich gab erstmals ganz konkrete Tipps, wie aus einem winzigen Samen ein essbares Gemüse wird, was eine Anzuchtschale ist und welche Gefäße sich sonst gut für den Gemüseanbau zu Hause eignen. Das Feedback war überwältigend.

Immer schon gab es Rückmeldungen, wenn ich stolz wie Oskar Fotos aus meinem Garten oder von meiner Ernte gepostet hatte. Aber auf dieses Anleitungsvideo kamen Zehntausende Reaktionen. Und dann meldete sich auch noch der GU-Verlag bei mir. Ob ich mir nicht vorstellen könne, ein Buch zum Thema Selbstversorgen zu schreiben? Ich musste darüber erst mal nachdenken, weil ich spontan dachte: Aber ich bin doch ein Anfänger. Sollte man die Bücher nicht den Experten überlassen?

Doch dann fasste ich Mut und sagte zu. Mein Defizit, nämlich dass ich Anfängerin war, wollte ich zum roten Faden des Buches machen. Denn ich konnte mich im Gegensatz zu einem langjährigen Experten noch sehr gut an die Fragen und Probleme erinnern, die beim Gärtnern anfangs aufkamen. Weil ich sie gerade erst erlebt hatte. Und auf diese Fragen wollte ich anfängergerechte Antworten liefern. Ich wollte ein Buch schreiben, das einen nicht gleich mit Fachbegriffen überfordert oder zu viel voraussetzt. Ein Buch, wie ich es vor einem Jahr selbst gern gelesen hätte. Ihr haltet es jetzt in den Händen.

GEMÜSE FÜR FORTGESCHRITTENE – DIE ANSPRUCHSVOLLEREN ARTEN

Die Gemüsearten, die ich auf den Seiten zuvor als Motivationsbooster bezeichnet habe, vereinen einen entscheidenden Vorteil: Ihr könnt die Samen direkt ins Beet oder in den Topf setzen und müsst danach nicht mehr viel machen.

DAS VORZIEHEN

Das ist bei den folgenden Arten anders, denn dieses Gemüse solltet ihr vorziehen, um später einen möglichst hohen Ernteertrag zu haben. Vorziehen bedeutet dabei nichts anderes, als dass ihr je nach Gemüseart einen oder ein paar wenige Samen erst bei euch in der warmen Wohnung keimen lasst, die kleinen Pflänzchen dann in eigene Töpfe umtopft und sie zu »Youngstern« heranwachsen lasst, bevor ihr sie nach draußen ins Beet oder auf den Balkon, also in die wettertechnisch mitunter ungemütliche Welt, entlasst.

Das Vorziehen ist überhaupt nicht schwer, aber es sind dafür weitere Arbeitsschritte nötig, weswegen ihr euch dieses Gemüse vielleicht nicht unbedingt für den allerersten Versuch aussuchen solltet.

Praktisch als Anzuchtschale: ein alter Eierkarton. Die »Einzelkästchen« könntet ihr sogar mit ins Beet pflanzen. Sie verrotten dort einfach.

Grundsätzlich habt ihr beim Vorziehen zwei Möglichkeiten: Ihr könnt die Samen direkt in kleine Blumentöpfe legen, die ihr vorher mit Anzuchterde gefüllt habt. Anzuchterde ist Erde, die nicht so viele Nährstoffe hat, denn Keimlinge sind von zu vielen Nährstoffen nicht selten überfordert. Menschenbabys füttert man nach der Geburt ja auch nicht gleich mit Schnitzel.

Ihr legt den Samen also etwa 2 Zentimeter tief direkt in die Anzuchterde (beachtet dazu die Angaben auf den Samentütchen), stellt den Blumentopf an einen hellen, sonnigen Platz in eurer Wohnung und lasst die Samen bei Zimmertemperatur keimen (angießen und feucht halten, nicht vergessen). Schon nach ein bis zwei Wochen werdet ihr sehen, wie ein kleiner grüner Keimling aus dem Boden sprießt. Dieser wird größer, entwickelt erst zwei Keimblätter und danach die »richtigen« Blätter.

Wenn davon dann ungefähr vier Stück da sind, könntet ihr die Pflanzen draußen ins Beet setzen. Erspart ihnen aber den Temperaturschock und pflanzt sie nicht gleich von der warmen Wohnung ins mitunter ungemütliche, windige und im Frühjahr oft noch sehr kalte Draußen. Ihr solltet eure Youngster erst an die Temperaturen im Freien gewöhnen, indem ihr sie tagsüber zunächst stundenweise rausstellt. Die Zeit draußen steigert ihr dann langsam immer mehr, bis ihr sie schließlich ins Beet pflanzt.

1
2
3
4

1
2
3
4
KÜRBIS
KÜRBIS

Bei einigen Gemüsearten ist es effektiver, wenn ihr sie nicht direkt in Blumentöpfe sät, weil in der Regel nicht aus jedem Samen eine Pflanze entsteht. Für diese Arten besorgt ihr euch eine Anzuchtschale. Das ist nichts anderes als ein größeres, flaches Gefäß, in das ihr die Samen wie im Beet streuen könnt. Auch hier ist es wichtig, nährstoffärmere Erde (Anzuchterde) zu verwenden, diese feucht zu halten und einen hellen Platz auszusuchen, an dem die Pflanzen keimen können. Anzuchtschalen haben in der Regel auch eine Kunststoffhaube, mit der ihr sie in ein Minigewächshaus umfunktionieren könnt: die Haube ermöglicht eine konstante Luftfeuchtigkeit. Alle zwei Tage solltet ihr sie aber abnehmen, damit ein Luftaustausch stattfinden kann und nichts zu schimmeln beginnt.

Wenn die Pflänzchen sprießen und die ersten zwei Keimblätter zu sehen sind, müsst ihr die noch sehr zarten Minipflanzen pikieren. Dazu nehmt ihr die Minis mit einem Pikierstab (das dicke Ende einer Kuchengabel funktioniert auch) vorsichtig und inklusive der kleinen Wurzel aus der Erde, die ihr vorher etwas angefeuchtet habt, weil sich die Pflänzchen dann besser herausheben lassen. Anschließend pflanzt ihr euren Mininachwuchs in eigene Töpfe mit etwa 11 Zentimeter Durchmesser. Auch hier könnt ihr noch Anzuchterde verwenden. Wenn dann die ersten richtigen Blätter zu sehen sind, könnt ihr verfahren wie oben beschrieben: erst langsam an die Temperatur draußen gewöhnen und dann raus auf den Balkon, die Terrasse oder ins Beet.

Ihr solltet euch für dieses Vorziehen übrigens eine Sprühflasche besorgen: mit ihr könnt ihr die Erde in der Anzuchtschale viel vorsichtiger feucht halten als mit dem Wasserschwall aus der Gießkanne, der die kleinen Samen im schlimmsten Fall einfach nur wegschwemmt.

Zu den Gemüsearten, bei denen ein Vorziehen im geschützten Raum ratsam ist, gehören zum Beispiel Zucchini, Kürbis, Gurken und Tomaten. Letztere würde ich geradezu als Diven bezeichnen, weil sie am meisten Pflege und Aufmerksamkeit brauchen. Ihnen widme ich deshalb ein ganz eigenes Kapitel (siehe Seite 61–63).

ZUCCHINI

Um Zucchini vorzuziehen, besorgt ihr euch am besten einen Blumentopf mit ca. 11 Zentimeter Durchmesser, in den ihr einen der recht großen Samen legt. Die Wahrscheinlichkeit, dass er keimt, ist bei Zucchini wirklich groß. Bei mir ist aus einem Samen tatsächlich immer auch eine Pflanze geworden – Ausschuss gab es nie. Ihr braucht also nicht sicherheitshalber zwei oder drei Samen in ein und dasselbe Gefäß zu legen – es sei denn,

Zucchini schmecken am besten, wenn sie noch nicht so groß sind. Später werden sie innen schwammig und die Schale wird recht fest.

dieses ist groß genug, um auch mehrere Youngster-Pflanzen beherbergen zu können.

Ihr füllt euer Gefäß im April mit Anzuchterde, legt den Zucchinisamen etwa 2 Zentimeter tief hinein und haltet ab dann die Erde feucht. Nicht nass! Jetzt braucht ihr den Topf nur noch an ein helles Plätzchen zu stellen und auf eine Zimmertemperatur zwischen 18 und 22 Grad zu achten – schon sprießen nach sieben bis 14 Tagen die ersten Keimlinge. Und ihr werdet stauen, wie schnell diese zu Youngster-Pflanzen heranwachsen.

Wenn die Pflänzchen außer ihren beiden Keimblättern noch mindestens vier normale Blätter entwickelt haben, könntet ihr sie nach einer kurzen Eingewöhnungszeit ins Freiland oder auf den Balkon pflanzen. Ich habe meine Youngster-Pflanzen wieder erst ein paar Tage lang stundenweise nach draußen gestellt, um sie vor einem Temperaturschock zu bewahren. Die Anzahl der Stunden habe ich dann langsam gesteigert. Aber macht euch damit nicht verrückt. Wenn ihr berufstätig seid, dann verlegt ihr die »Eingewöhnung« einfach auf die Abendstunden oder aufs Wochenende. Ich habe das auch so gemacht und ich hatte das Gefühl, die Pflanzen haben ihre Freiluftstunden genossen.

Der Riese rechts kam als »normaler« Youngster ins Gewächshaus. Weil er dort regelrecht explodierte, musste ich ihn noch mal umsetzen.

Wenn der Zeitpunkt gekommen ist, dass ihr die Zucchini ins Beet pflanzt, dann gebt ihnen unbedingt genug Platz. Sie werden schnell groß – und dabei gehen sie nicht in die Höhe, sondern in die Breite. Sie entwickeln auch schnell ihre Früchte. Ihr werdet mit dem Essen wahrscheinlich kaum hinterherkommen und viele Zucchini verschenken. Lasst ihr sie länger an der Pflanze, werden sie riesig. Die Schale wird dann etwas fester, sodass ihr die Jumbo-Versionen wahrscheinlich vor dem Verzehr schälen müsst. Aber schmecken tun sie auch.

KÜRBIS

Wenn ihr auch im Spätsommer und Herbst noch etwas Spektakuläres zum Angeben ernten wollt, dann solltet ihr es mit Kürbis versuchen. Ich habe auf meiner kleinen Farm eine Sorte gepflanzt, die extra für Kürbiswettbewerbe und zum Halloween-Kürbis-Schnitzen gezüchtet wurde. Sie werden schnell groß und bringen ein beachtliches Gewicht auf die Waage. Natürlich gibt es auch Sorten, die sich besonders gut für den Verzehr eignen, sodass ihr im Herbst leckere Kürbissuppen und Kürbisaufläufe zaubern könnt.

Egal, für welche Sorte ihr euch entscheidet: Ihr solltet die Kürbisse vorziehen. Das ist mein Tipp. Also auch hier: Etwa im April ein Gefäß mit Anzuchterde füllen, den Samen hineinlegen (auch hier genügt einer), etwa 1 bis 2 Zentimeter mit

Erde bedecken, das Gefäß an einen hellen Platz in der Wohnung stellen und dann die Erde feucht halten und warten. Nach etwa ein bis zwei Wochen bei 18 bis 22 Grad keimen die Samen und wenn dann Youngster-Pflanzen aus ihnen geworden sind, heißt es wieder: raus damit an die Sonne, an die Freiluft gewöhnen und dann ab Mitte Mai ins Beet pflanzen. Bitte erschreckt euch nicht: Die Pflanzen werden sehr, sehr groß und ausladend. In einem kleinen Hochbeet auf dem Balkon ist das wahrscheinlich schwierig, aber draußen im Beet könnt ihr euch jeden Tag über diese Kraft der Natur freuen.

Ich habe übrigens gute Erfahrungen damit gemacht, den Kürbis zusammen mit den Zucchini in ein Beet zu pflanzen. In einigen Gartenbüchern steht allerdings, dass man das nicht tun sollte, weil beide Gemüse viele Nährstoffe brauchen, da sie sehr schnell wachsen und große Früchte hervorbringen. Damit sie also nicht um die Nährstoffe konkurrieren müssen, solltet ihr den Boden vor dem Pflanzen – am besten schon, wenn ihr anfangt, die Youngsters vorzuziehen – mit viel Kompost anreichern. Bei mir hat das sehr gut funktioniert. Ich wurde von der Menge an Zucchini fast erschlagen und die Kürbisse sind trotzdem riesig geworden.

»Ich habe meine Kürbisse zum Angeben gepflanzt.«

Ich hatte eine der Kürbispflanzen übrigens probeweise ins Gewächshaus gepflanzt – nur um zu sehen, ob sie sich dort noch besser entwickelt als draußen im Beet. Und ja: Das hat sie. Die Pflanze wurde in kürzester Zeit so riesig, dass ich dachte, das Gewächshaus würde platzen. Als sie schon größer war als ich, habe ich sie deshalb rausgenommen und doch noch draußen ins Beet zu den anderen (noch wesentlich kleineren) Kürbissen gepflanzt. Selbst das hat sie überlebt. Zwei, drei Tage lang ließ sie ihre Blätter hängen, aber dann hat sie sich berappelt und mir im Herbst schöne, große Früchte geschenkt. Mit anderen Worten: Kürbisse können echt was ab. Empfindlich sind die nicht.

AUBERGINE

Beim Vorziehen von Auberginen empfehle ich euch, die Samen nicht in einzelne Töpfe zu legen, sondern sie in eine Anzuchtschale zu säen. Sie sind nämlich sehr klein und nicht aus jedem entsteht auch tatsächlich eine Pflanze. Und ihr müsst früh anfangen, da Auberginen langsam wachsen. Am besten füllt ihr also schon im Februar eine Anzuchtschale mit Anzuchterde, streut die Samen hinein und bedeckt sie vorsichtig mit Erde. Ihr könnt die Erde dann auch vorsichtig andrücken, damit die Samen wirklich Kontakt zu ihr haben.

Anschließend befeuchtet ihr die Erde vorsichtig mit der Sprühflasche, stellt die Schale an einen hellen, sonnigen Platz am Fenster, achtet auf eine konstante Zimmertemperatur (18 bis 22 Grad) – und schon werden die Samen sprießen. Wenn die ersten Blätter entstehen, wird wieder pikiert und einzeln in Blumentöpfe umgesetzt. Raus ins Beet solltet ihr die Pflanze erst setzen, wenn es wirklich frostfrei ist. Auberginen benötigen eine gewisse Bodenwärme. Daher werden sie in einem Gewächshaus auch immer besser wachsen als draußen im Beet.

PAPRIKA

Auch bei Paprika habe ich gute Erfahrung mit dem Vorziehen gemacht. Wenn ihr die Samen (zum Beispiel die Sorte »Bendigo«) Ende Februar oder im März in eine Anzuchtschale aussät, keimt sie nach zehn bis 14 Tagen bei 18 bis 22 Grad

Paprika mag es gern gemütlich warm, sie wächst daher am besten in einem Gewächshaus.

Zimmertemperatur und ihr könnt sie dann ab Mitte Mai ins Freiland pflanzen.

Achtet auch hier auf genügend Abstand im Beet, weil die Pflanzen recht groß werden können: Mindestens 50 Zentimeter sollten zwischen den einzelnen Pflanzen liegen. Die Paprika mag es außerdem nicht so gern, wenn sie zu sehr im Wind steht, und sie liebt die Sonne.

Die Paprika gehört übrigens ebenfalls zu den Starkzehrern und benötigt daher einen humus- beziehungsweise stickstoffreichen Boden. Arbeitet also auch hier am Anfang der Saison ordentlich Kompost, Komposterde oder Pferdeäpfel ins Beet ein (siehe auch den Abschnitt zum »Richtig düngen«, Seite 82–83) und düngt während der Wachstumsperiode gern noch mal nach. Es lohnt sich! Erst werdet ihr hübsche Blüten entdecken, dann kleine Minipaprika, die aber schnell groß werden. Ihr könnt sie zu jedem Zeitpunkt ernten. Wenn ihr zu Beginn der Blütezeit die sogenannte Königsblüte (das ist die erste Blüte zwischen der Verästelung am Ende des Stamms) abzwickt, ist der Ertrag sogar noch höher.

Die Pflanzen sind super gewachsen, bei den Früchten wäre schon noch was gegangen. Trotzdem versuche ich es nächstes Jahr wieder.

ZWIEBELN

Wenn ihr eigene Speisezwiebeln pflanzen wollt, was im Hochbeet auf dem Balkon oder der Terrasse übrigens genauso gut funktioniert wie im Beet, dann empfehle ich euch den Kauf von Steckzwiebeln. Das sind winzige Zwiebelchen, die oft sogar schon einen kleinen Trieb haben. Sie werden mit dem Trieb nach oben so tief in die Erde gesteckt, dass sie oben gerade noch ein bisschen herausgucken. Von jetzt an müsst ihr nichts weiter machen, als die Erde feucht zu halten.

Zuerst wächst der Trieb oben aus der Erde heraus und dann wird die Zwiebel im Erdreich immer größer. Hört sich einfach an, oder? Ist es auch. Warum ich die Zwiebel dann nicht bei den Motivationsgemüsen untergebracht habe? Weil ich es irgendwie doof finde, dass man am Anfang eine Zwiebel reinsteckt und bei der Ernte wieder nur eine herausbekommt. Ja, die ist größer und ja, Zwiebeln aus dem eigenen Garten sind auch tatsächlich leckerer. Aber im Vergleich zu Kartoffeln fehlt mir hier einfach der Gärtnerstolz.

Verzichten solltet ihr auf Zwiebeln deshalb aber nicht. Sie sind wunderbare Beetnachbarn für Möhren, weil sie Schädlinge und Wühlmäuse von ihnen fernhalten. Dazu später auch mehr – im Kapitel »Auf gute Nachbarschaft« (siehe Seite 70–75).

Besonders hübsch ist es übrigens, wenn die Zwiebel anfängt zu blühen. Ihre Blüte gleicht einem Wunderwerk der Natur und ist eine echte Zierde für euren Garten. Das Problem ist immer nur, dass die Pflanze ihre Kraft dann in die Blüte steckt und nicht in die »Frucht« unter der Erde. Das heißt, die Zwiebel unten wird mickrig bleiben, wenn oben eine schöne Blüte entsteht.

Übrigens: Wenn ihr Schalotten pflanzen wollt, müsst ihr dafür ein bisschen mehr Platz im Beet einplanen als bei »normalen« Zwiebeln. Denn bei ihnen wird die Steckzwiebel nicht nur einfach größer, sondern bildet unter der Erde ein Nest mit mehreren neuen Schalotten. Lasst daher beim Pflanzen jeweils 15 Zentimeter Abstand. Im Gegensatz zu Zwiebeln sollte bei Schalotten die Steckzwiebel außerdem komplett mit Erde bedeckt werden, sodass die Spitze nicht mehr herausschaut. Gesteckt wird wie bei den anderen Zwiebeln von März bis Ende April – direkt ins Freiland. Es gibt mittlerweile aber auch Schalottensorten, die ihr schon im Herbst einpflanzen und daher im nächsten Jahr früher ernten könnt. Pflanzt diese aber etwas tiefer und gebt im Winter eine Schicht Laub aufs Beet – als »Frostschutz«.

Setzt eure Zwiebeln mit genügend Abstand ins Beet. Die Spitzen müssen nach dem Erde-Draufschaufeln noch rausschauen.

WISSENSWERTES ZUM VORZIEHEN VON PFLANZEN

- Einige Gemüsearten solltet ihr bei Zimmertemperatur vorziehen, damit sie schon eine gewisse Größe haben, ehe ihr sie raus ins Beet setzt. So könnt ihr früher ernten.
- Bei Arten, bei denen erfahrungsgemäß nicht aus jedem Samen ein Pflänzchen wird, streut ihr die Samen in eine Anzuchtschale und pikiert dann später.
- Samen mit »Garantie« fürs Angehen wie Zucchini oder Kürbis könnt ihr einzeln direkt in kleine Blumentöpfe aussäen.
- Mit einem Deckel wird die Anzuchtschale im Handumdrehen zum Minigewächshaus. Damit es darunter für eure Pflänzchen nicht zu feucht wird, müsst ihr regelmäßig »lüften«.
- Ins Freie dürfen die Pflanzen erst nach dem letzten Frost. Nur wenn ihr ein Gewächshaus habt, können sie schon früher umsiedeln.
- Gewöhnt die Pflanzen langsam an die Temperaturen draußen und stellt sie anfangs immer nur für ein paar Stunden ins Freie.
- Tomaten und Gurken könnt ihr auch vorziehen, sie sind aber echte »Diven«. Wenn ihr sie schon im ersten Jahr anbauen wollt, empfehle ich euch, fertige Youngster-Pflanzen zu kaufen.

GEMÜSE FÜR LEIDENSFÄHIGE – TOMATEN UND GURKEN

TOMATEN

Wenn ihr Tomaten ziehen wollt, habt ihr euch echt was vorgenommen. Und sollte dies tatsächlich euer erstes Jahr im Gemüsegarten sein, dann kann ich euch nur empfehlen, eine bereits vorgezogene Pflanze im Gartencenter zu kaufen und diese bei euch einfach nur noch weiterwachsen zu lassen. Es sei denn, ihr seid leidensfähig. Dann versucht es. Ich habe es auch versucht in meinem ersten Gartenjahr. Aber ich habe ziemlich geflucht. Überlegt zuerst, welche Tomaten ihr gern essen möchtet und wo die Pflanze wachsen und gedeihen soll. Wenn ihr nur einen sonnigen Fensterplatz oder einen Balkon habt, dann sind Busch-Tomaten die beste Wahl. Sie eignen sich auch für den Kübel.

»Tomaten sind anspruchsvoll. Beginnt am besten mit einer bereits vorgezogenen Pflanze. Damit habt ihr schon genug zu tun.«

Hochwachsende Tomatenpflanzen, die auch große Tomaten oder sogar Fleischtomaten hervorbringen, solltet ihr nur aussuchen, wenn ihr ihnen einen regengeschützten Standort bieten könnt. Denn die Blätter der Tomatenpflanzen sollten nicht nass werden, weil sich dann schnell Braunfäule entwickeln kann. Das ist der Grund, warum Tomaten im Freiland oft eine Art Dach bekommen und warum so viele sie an die Hauswand unter einen Dachüberstand stellen.

Der ideale Platz für Tomaten ist das Gewächshaus. Ich habe im ersten Jahr gute Erfahrungen mit einem Kunststoffmodell gemacht, das gerade mal 20 Euro gekostet hat und das ich einfach gegen eine Hauswand gelehnt habe. In meinem zweiten Gartenjahr konnte ich den Tomaten dann schon ein richtiges Glasgewächshaus bieten. Und ich muss zugeben, dass sie sich hier so gut entwickelt haben, dass ich zwischenzeitlich dachte, die Pflanzen sprengen mir mit ihrem Wachstumsdruck alle Scheiben.

Tomaten sind zimperlich, aber das Tolle ist, dass sie den ganzen Sommer bis in den Herbst hinein Früchte tragen.

1
2
Vivez
votre rêve
3
4

Wichtig ist, dass ihr den hochwachsenden Sorten eine Rankhilfe zur Seite stellt. Sonst knickt der Stamm um und dann war es das für die Saison. Ihr könnt einen Bambusstab beziehungsweise mehrere Stäbe neben der Pflanze in den Boden stecken und die Triebe vorsichtig daran anbinden. Im Handel gibt es aber auch spezielle Rankgitter, mit denen ihr noch flexiblere Möglichkeiten zur Befestigung habt. Ich habe gute Erfahrungen mit Kunststoffklammern gemacht, die es in verschiedenen Größen gibt und die ihr jedes Jahr wiederverwenden könnt.

Wenn ihr die Pflanze gießt, dann nur unten im Erdreich. Denn wie gesagt: Die Blätter sollten nicht nass werden. Weil die Braunfäule wirklich schnell eintritt, solltet ihr euer Gewächshaus regelmäßig lüften. Ohnehin sollten Insekten und Bienen ungehindert zu den Pflanzen gelangen können, auch wenn diese gegen Regen geschützt sind. Denn die Blüten müssen erst befruchtet werden, bevor Tomaten entstehen können. Alternativ könnt ihr die Pflanze ganz vorsichtig schütteln, wenn sie blüht. Das soll auch funktionieren (selbst ausprobiert habe ich es allerdings noch nicht).

Als ob das alles noch nicht genug wäre, müsst ihr Tomatenpflanzen, während sie wachsen, auch noch ständig »frisieren«. Immer, wenn sich in einer Blattachsel ein neuer Trieb entwickelt, müsst ihr ihn herausbrechen. Diese Prozedur nennt man Ausgeizen. Und das könnt ihr im Sommer bei üppig wuchernden Pflanzen fast täglich machen.

Auch an die Erde stellen Tomaten hohe Ansprüche. Sie sollte humusreich sein, denn die Pflanzen gehören – wie sollte es anders sein bei einer echten Diva – zu den Starkzehrern. Pflanzt sie außerdem nicht direkt neben eine Gurke, auch wenn diese eine ähnliche Umgebung benötigt: die Pflanzen vertragen sich im Beet nicht gut.

Neue Triebe zwischen den Blattachseln solltet ihr abknipsen, weil dann die Früchte viel größer und aromatischer werden.

All das müsst ihr auch dann machen, wenn ihr eine vorgezogene Pflanze erworben habt. Wenn ihr eure Tomaten aber auch noch selbst ziehen wollt, kommt noch die ganze Prozedur des Vorziehens in der Anzuchtschale dazu. Fangt damit unbedingt bereits im Februar an, sonst wird die Pflanze nicht mehr groß genug, um euch am Ende für die ganze Mühe auch mit einer reichhaltigen Ernte zu belohnen.

Schon die kleinen Pflanzen sollten auf dem Weg zum Youngster mit einem Stab gestützt werden. Stellt die Anzuchtschale mit Deckel auf jeden Fall in eine sonnige Ecke der Wohnung und haltet die Erde schön feucht. Auch hier darauf achten, dass die Blätter nicht nass werden und ihr den Deckel der Schale regelmäßig abnehmt, um zu lüften.

Warum man dieses Theater über sich ergehen lassen sollte? Weil die Tomaten aus dem eigenen Garten, wenn es denn klappt, so lecker und frisch sind, dass ihr es trotz allem im nächsten Jahr genauso wiederholen wollt. Und weil es so viele leckere Rezepte gibt, in denen ihr eure Tomaten verarbeiten könnt (siehe auch ab Seite 215).

Bevor die Youngster endgültig ins Gewächshaus umgezogen sind, habe ich sie im Töpfchen immer wieder für ein paar Stunden klimatisiert.

SALATGURKEN

Die Samen der Salatgurke könnt ihr ab April drinnen in Töpfen vorziehen. Legt dazu zwei bis drei Samen in Anzuchterde und bedeckt sie dann 1 Zentimeter damit. Jetzt schön warm stellen (20 Grad) und die Erde gleichmäßig feucht halten. Wenn die Blätter des kräftigsten Sämlings über den Topf hängen, entfernt ihr die anderen. So hat er mehr Platz zum Wachsen und ist stark genug, bis ihr ihn ab Mitte Mai ins Freiland oder in einen Kübel auf dem Balkon pflanzen könnt.

Gurken sind Rankgewächse – sie brauchen wie Tomaten eine Rankhilfe, an der ihr sie festbinden oder -clipsen müsst. Ihre Blätter sollten ebenfalls nicht nass werden, weshalb auch für sie ein Dach, ein Dachüberstand, ein wiederverwendbares Kunststoffgewächshaus oder ein richtiges aus Glas zu empfehlen ist.

Gurken brauchen eine Stütze, weil sie nach oben ans Licht wollen. Außerdem knicken sie so durch das Gewicht ihrer Früchte nicht um.

Weil auch die Gurkenpflanze sehr anfällig für verschiedene Pilzkrankheiten ist, müsst ihr für genügend frische Luft sorgen. Wenn die Blätter trotzdem mal komisch welken und braun werden, schneidet ihr sie am besten sofort ab und entsorgt sie im Mülleimer (nicht auf dem Kompost!).

Je nach Sorte können Gurken ziemlich groß werden und es ist unglaublich schön, ihnen beim Wachsen zuzuschauen. Sie entwickeln lange, eher kahle Triebe, an denen aber relativ große Blätter und sehr schöne gelbe Blüten wachsen – weibliche und männliche. Aus den weiblichen entsteht die Gurke, die dann immer größer wird, sofern ihr sie nicht erntet.

Ich finde, Salatgurken aus dem eigenen Anbau schmecken aromatischer und weniger wässrig als die aus dem Supermarkt. Selbst die Bio-Gurken können geschmacklich nicht mithalten, wenn ihr Gurken aus eurem Garten zum Vergleich habt.

ANDERES GEMÜSE? EINFACH AUSPROBIEREN!

Ich hoffe, bei den beschriebenen Gemüsearten war etwas dabei, was ihr mögt, denn die Vielfalt der Gemüse, die ihr in eurem Garten anbauen könnt, ist natürlich riesig. Auch Bohnen sollen toll sein für Anfänger, weil sie an Haltung und Pflege wenig Ansprüche stellen. Vielleicht mögt ihr Rote Bete gern, Mangold, Rhabarber oder Kohl. Oder Sellerie, weil ihr morgens gern den total angesagten Sellery Juice trinkt.

Auch hier lautet mein Rat: Macht es einfach. Traut es euch zu. Wenn ihr die vorherigen Seiten gelesen habt, habt ihr genug theoretisches Wissen, um dieses auch auf andere Gemüsearten zu übertragen. Und auf den meisten Samentütchen findet ihr Infos, ob ein Gemüse vorgezogen werden muss oder direkt ins Freiland gesät werden kann.

Wichtig ist, dass ihr es euch am Anfang nicht zu schwer macht, denn Misserfolge können einem den ganzen Spaß verderben. Ihr braucht gerade am Anfang Erfolgserlebnisse. Mit Radieschen werdet ihr welche haben. Bei Tomaten bin ich mir nicht sicher.

Ich möchte es nach Zwiebeln unbedingt auch mit Knoblauch versuchen. Wenn ihr die Zehen treiben lasst, könnt ihr sie direkt ins Beet stecken.

WIE IHR DIE SAISON DRAUSSEN ETWAS VERLÄNGERN KÖNNT

Wenn ihr kein Gewächshaus habt, was die Regel sein dürfte, wenn ihr gerade erst mit dem Homefarming beginnt, solltet ihr grundsätzlich erst dann draußen mit dem Einsäen und Pflanzen beginnen, wenn es keinen Bodenfrost mehr gibt. Aber auch wenn ihr das brav abgewartet habt, kann es nachts plötzlich unerwartet wieder sehr kalt werden. Dann könnt ihr euren Pflanzen etwas helfen, indem ihr Vliestunnel über die Saatreihen stellt. Das ist ungefähr so, als würdet ihr euch eine leichte Jacke überwerfen. Und schafft ihr euch ein richtiges Frühbeet an, könnt ihr die Saison draußen sogar grundsätzlich etwas früher beginnen – auch ohne Gewächshaus.

Obwohl das Vlies hauchdünn ist, wärmt es die Minipflänzchen ausreichend, wenn für nachts unerwartet noch mal Frost angekündigt wird, und verhindert dadurch, dass sie erfrieren. Tagsüber könnt ihr die Tunnel dann wieder in den Schuppen räumen.

Pferdemist ist im Beet pures Gold wert, denn wenn er verrottet, entstehen Humus und Wärme. Er ist also eine Art Fußbodenheizung im Garten.

Ein Frühbeet ist nichts anderes als ein Beet oder ein Hochbeet mit einem gläsernen Aufsatz, unter dem ein Gewächshausklima entsteht: Die Sonne erwärmt die Luft unter dem Glas und so wird es im Innenraum schön mollig. Dadurch könnt ihr viel früher einsäen und sogar im Winter noch Salat ziehen, was die Erntezeit in eurem Garten natürlich enorm verlängert. Investiert ruhig ein paar Euro in ein Bodenthermometer, dann seht ihr selbst, dass ein Frühbeet viel eher frostfrei und damit bepflanzbar ist als ein Beet ohne Frühbeetaufsatz. Wenn ihr dann auch noch frischen Pferdemist mit Stroh als unterste Schicht unter die Pflanzerde gebt, habt ihr sogar noch eine natürliche »Heizung« im Beet. Der Mist erzeugt beim Verrotten nämlich Wärme und die macht es euren Keimlingen richtig gemütlich. Mistbeet nennt man das dann.

Wie bei einem Gewächshaus oder in der Anzuchtschale müsst ihr auch das Frühbeet regelmäßig lüften, damit die Luftfeuchtigkeit nicht zu hoch wird und eure Pflanzen krank werden.

Ich habe auch ein Frühbeet. Allerdings steht die Abdeckung immer offen, weil ich hier meine Kräuter reingepflanzt habe. Mit anderen Worten: Ich komme ohne Frühbeet zurecht – weil ich mittlerweile ein richtiges Gewächshaus habe.

- **In einem Frühbeet könnt ihr schon früher draußen einsäen. Eine Lage Pferdemist unter der Erde sorgt bei den Youngsters für warme Füße.**
- **Im »normalen« Beet helfen gegen kalte Nächte Vliestunnel, die eure Pflanzen wie eine leichte Jacke wärmen.**

Schon im ersten Gartenjahr fing ich an, von einem Gewächshaus zu träumen. Heute weiß ich: Es gibt nichts Besseres.

EIN GEWÄCHSHAUS MUSS HER – UND EIN BERUHIGUNGSMITTEL

Da mich niemand vor dem Anbau von Tomaten gewarnt hatte, startete ich in meinem ersten Anbaujahr genau damit – und wie ihr aus den vorherigen Kapiteln wisst, auch noch zu spät. Erst Anfang April begann ich mit dem Vorziehen der Samen. Die Tomatenpflanzen wurden dann zwar noch groß, aber die Ernte war extrem mager: Weil sie spät gesät wurden, trugen die Pflanzen spät Blüten und spät Früchte. Ich konnte nur noch wenige rote Tomaten ernten, bevor der Sommer sich zunehmend verabschiedete und die niedrigen Temperaturen der Saison ein Ende bereiteten. Und bis dahin hatte ich zu kämpfen. Am Anfang hatte ich die Tomatenpflanzen nur unter den Dachüberstand gestellt. Ergebnis: braune Blätter, weil sie zu nass geworden waren. Dann kaufte ich ein kleines Kunststoff-Tomatenhaus, das ich als Regenschutz gegen die Hauswand lehnte. Auch das war pflegeintensiv. Mal abgesehen davon, dass ich Plastik im Garten nicht so toll finde und das Tomatenhaus auch wirklich nicht besonders dekorativ war, musste ich es bei gutem Wetter immer öffnen, damit frische Luft an die Pflanzen kam. Und dann regnete es plötzlich und ich raste in den Garten, um die Plastikabdeckung wieder zu schließen. Ergebnis: Tomate trocken, ich nass.

Als ich die beiden Tomatenhäuser dann im Herbst abbauen wollte, stellte ich auch noch fest, dass sich die Kunststofffolie an der Rückseite der Konstruktion durch die Sonne so mit dem Anstrich der Holzfassade verbunden hatte, dass ich nur zwei Möglichkeiten hatte: das Plastik in Fetzen für immer an meiner Hauswand hängen lassen oder es abreißen und die Holzfassade neu streichen. Ich fand beides so semi. Also reifte in mir langsam der Wunsch, ein echtes, großes Gewächshaus zu besitzen. Ich begann zu recherchieren und lernte viel über Doppelstegplatten, Blankglas, Alukonstruktionen und den Unterschied zwischen Gewächshaus und Orangerie. Aha, dachte ich. Schon wieder eine völlig neue Welt, die entdeckt werden möchte.

Ich entschied mich nach vielen Wochen des Recherchierens für ein zehn Quadratmeter großes Gewächshaus mit einer anthrazit lackierten Alukonstruktion und drei Millimeter Sicherheitsglas. Ein Bausatz zum Selbstaufbau, denn der Verkäufer hatte gesagt: »Wenn Sie technisches Geschick und Erfahrung im Aufbau von Möbeln haben, dann schaffen Sie das.« Kein Problem, dachte ich. Mein Vater ist Physiotherapeut und Hobbyhandwerker. Wenn man Skills für das Thema Gartenarbeit braucht, dann ja wohl seine.

Und so rückte er an. Der Mann, der heute noch darüber lacht, dass es in diesem Buch einen Rezeptteil gibt. Weil ich bei ihm aufgewachsen bin, er aber eins in den vergangenen 40 Jahren nie feststellen konnte: Liebe zum Thema Kochen. Aber sei's drum: Beim Bauen und Handwerken hatte ich ihm schon immer erfolgreich zuarbeiten dürfen. Was hatten wir schon alles gebaut in den vergangenen Jahrzehnten. Allein die ganzen Wohnungen, die der arme Mann mit mir gemeinsam renovieren musste, weil ich wieder die Idee hatte umzuziehen. »Ich bin doch dein Papa«, sagte er dann immer. »Natürlich helfe ich dir. Das macht doch auch Spaß, wenn wir das zusammen machen …«

Ich darf für das Gewächshaus folgende Zusammenfassung liefern: Es machte keinen Spaß. Mein Vater drehte förmlich durch, weil der Aufbau eher einer komplizierten Märklin-Metall-Konstruktion glich als einem ehrlichen Bauprojekt mit Bohrmaschine und Hammer. Die Schrauben waren mini, die Anleitung unklar und immer wieder passte irgendetwas nicht.

Wir hatten tatsächlich gedacht, dass das Haus in vier Tagen steht. Inklusive Punktfundamenten, also den Betonarbeiten. In Wirklichkeit brauchten wir zwei Wochen. Mein Vater war zwischenzeitlich so wütend, dass ich überlegte, ihm Valium in den Kaffee zu mischen. Aber am Ende stand das Ding. Und es sah großartig aus. Und wenn etwas sehr ästhetisch ist, neige ich dazu, alle Schwierigkeiten zu vergessen. Außerdem bescherte mir dieses hübsche Gewächshaus eine so reiche Tomatenernte, dass ich auch dieses Gemüse nicht mehr zukaufen musste, obwohl es mein Lieblingsgemüse ist. Ich kann euch also nur empfehlen, euch ein Gewächshaus anzuschaffen, solltet ihr den Platz dafür haben. Habt nur vorsichtshalber etwas Valium im Haus, wenn ihr es selbst aufbauen wollt. Bachblüten reichen nicht.

AUF GUTE NACHBARSCHAFT UND NACHFOLGE IM GEMÜSEBEET

Ein Thema, das ich bisher ausgelassen habe, sind die »Nachbarschaftsverhältnisse« und die Nachfolge im Beet. Denn durch die Auswahl der richtigen Beetnachbarn und Folgepflanzungen könnt ihr dafür sorgen, dass sich die Pflanzen in ihrem Wachstum gegenseitig unterstützen, anstatt sich zu schaden oder in Konkurrenz um die Nährstoffe im Beet zu treten.

Lasst ihr eure Pflanzen in Töpfen oder kleineren Hochbeeten wachsen, in denen jeweils nur eine Gemüseart zu Hause ist, dann müsst ihr auf die Nachbarschaft nicht achten. Und wenn ihr die Erde, bevor ihr neu einsät, immer komplett austauscht, braucht ihr auch nicht darauf zu achten, welches Gemüse ihr in welcher Reihenfolge anpflanzt. Dann ist es einfach. Wenn ihr euch keine

Wenn ihr nur eine Sorte ins Hochbeet pflanzt, so wie ich es beim Rucola getan habe, braucht ihr euch keinen Kopf zu machen, welche Pflanze wozu passt. Dann genügt es, für ausreichend Sonne, Wasser und Nährstoffe zu sorgen – und zum richtigen Zeitpunkt zu ernten.

weiteren Gedanken machten wollt und am Anfang beispielsweise nur einen Blumenkasten für Radieschen, einen weiteren für Salat und vielleicht noch einen Pflanzsack für Kartoffeln in Angriff nehmen wollt, dann müsst ihr hier jetzt nicht unbedingt weiterlesen.

Falls ihr aber unterschiedliche Gemüse in einem Kübel oder (Hoch-)Beet nebeneinanderpflanzen wollt, dann solltet ihr wissen, welche Arten sich auf einem »Hausflur« gut miteinander vertragen oder sich sogar gegenseitig fördern und unterstützen können – und bei welchen Probleme vorprogrammiert sind.

DIE MISCHKULTUR

Gute Beetnachbarn sind zum Beispiel Möhren und Zwiebeln. Wenn ihr neben die Reihe mit Möhren eine Reihe Zwiebeln steckt, dann halten diese die Möhrenfliege fern – und die Möhren halten im Gegenzug die Zwiebelfliegen auf Abstand. Es geht bei einer funktionierenden Mischkultur also sowohl um natürliche Schädlingsbekämpfung als auch um Frieden beim Thema Nährstoffbedarf.

> »Pflanzen können sich gegenseitig unterstützen, weil sie zum Beispiel Schädlinge abwehren.«

Ich gehe jetzt mal von den Arten aus, die ich hier im Buch empfohlen und beschrieben habe – und zwar in der Reihenfolge, wie sie vorkamen:

- Radieschen könnt ihr neben Möhren pflanzen.

- Salat mag Gurken, Kohlrabi, Möhren, Radieschen, Tomaten und Zwiebeln.

- Kartoffeln verstehen sich gut mit Kohlrabi, Kohl und Spinat.

- Möhren lieben Zwiebeln, Radieschen und Tomaten.

- Kohlrabi ist ein guter Nachbar für Kartoffeln, Radieschen, Spinat und Tomaten.

- Zucchini mögen Zwiebeln, Salat, Radieschen und Spinat als Beetnachbarn.

- Kürbis könnt ihr wunderbar neben Zwiebeln pflanzen.

- Auberginen fühlen sich neben Radieschen und Salat wohl.

- Paprika mögen Möhre, Gurken, Kohl und Tomaten neben sich im Beet.

- Tomaten könnt ihr neben Kohlrabi, Salat, Möhren, Spinat und Sellerie setzen.

- Gurken lieben Salat, Kohl, Zwiebeln und Sellerie.

- Zwiebeln finden es toll neben Möhren.

Beherzigt ihr diese Tipps, habt ihr eine gut funktionierende Mischkultur in eurem Garten. Ihr müsst aber auch nicht allzu päpstlich sein. Ich habe zum Beispiel Zucchini und Kürbis zusammen in ein Beet gepflanzt – was man nach den Gesetzen der Mischkultur unbedingt vermeiden sollte. Und es hat trotzdem funktioniert.

Als absoluter Anfänger solltet ihr einfach loslegen: Pflanzt etwas, was euch Freude bereitet, und macht euch erst danach Gedanken darüber, was als Nächstes kommen kann.

DER FRUCHTWECHSEL

Nur wenn ihr innerhalb einer Saison in derselben Erde tatsächlich noch weiteres Gemüse anbauen wollt, solltet ihr den sogenannten Fruchtwechsel beachten. Dadurch lassen sich Pflanzenkrankheiten vermeiden und bessere Ernteerfolge erzielen.

Um den Fruchtwechsel beherzigen zu können, müsst ihr wissen, zu welcher Pflanzenfamilie euer Gemüse gehört. Und hier wird es ein bisschen kompliziert, weshalb ich finde, dass man sich damit erst nach der ersten Ernte beschäftigen sollte.

»Der Fruchtwechsel kann euch zu kräftigen Pflanzen und einem höheren Ertrag verhelfen.«

Grundsätzlich wird Gemüse unterschiedlichen Pflanzenfamilien zugeordnet. Sie gehören zum Beispiel zu den Korbblütlern, Doldenblütlern, Zwiebelgewächsen, Spargelgewächsen, Kreuzblütlern, Fuchsschwanzgewächsen, Kürbisgewächsen, Hülsenfrüchtlern, Süßgräsern, Knöterichgewächsen, Nachtschattengewächsen oder zu den Geißblattgewächsen.

Um es auch hier einfacher zu machen, ordne ich nur die in diesem Buch beschriebenen Gemüse ihren Familien zu:

- Salat gehört in der Regel zu den Korbblütlern (nur Feldsalat gehört zu den Baldriangewächsen, einer Unterfamilie der Geißblattgewächse).

- Möhren gehören zu den Doldenblütlern.

- Kohlrabi und Radieschen gehören zu den Kreuzblütlern.

Kartoffeln kamen tatsächlich nur wegen ihrer Blüte nach Europa. Damals wusste man noch gar nicht, was da unter der Erde wächst.

- Kürbis, Gurke und Zucchini gehören zu den Kürbisgewächsen.

- Tomaten, Auberginen, Paprika und Kartoffeln sind Nachtschattengewächse.

- Zwiebeln werden, wie der Name schon sagt, den Zwiebelgewächsen zugordnet.

Bei der richtigen Fruchtfolge geht es darum, die Mitglieder einer Pflanzenfamilie nie direkt nacheinander an dieselbe Stelle ins Beet zu setzen.

Grundsätzlich sollte man auch nicht in zwei aufeinanderfolgenden Jahren an derselben Stelle Pflanzen aus der gleichen Familie anbauen. Und hier sind wir auch schon bei der Fruchtfolge.

Wenn man bedenkt, wie viele Tomaten an einer Pflanze hängen, ist schnell klar, dass sie dafür Unmengen an Nährstoffen aus dem Boden zieht.

DIE FRUCHTFOLGE

Mit dem Begriff »Fruchtfolge« bezeichnet man den Wechsel der Gemüsearten zur kommenden Saison – also das, was im Folgejahr in eurem Beet wachsen soll. Denn es gibt Arten, die den Boden so stark auslaugen, dass man ihm ein bis vier Jahre Pause geben sollte, um sich zu »erholen«, bevor man das gleiche Gemüse wieder an derselben Stelle anpflanzt.

Um das System der Fruchtfolge zu verstehen, solltet ihr euch kurz mit dem Nährstoffbedarf der unterschiedlichen Gemüsearten auseinandersetzen. Er ist diesbezüglich zentral, denn man unterscheidet Pflanzen grundsätzlich in Schwachzehrer, Mittelzehrer und Starkzehrer.

- Von den Gemüsearten, die ich euch in diesem Buch vorgestellt habe, gehören Radieschen, Feldsalat, Rucola, Salat, Kräuter und Zwiebeln zu den Schwachzehrern. Das bedeutet, sie benötigen nur wenig vom Hauptnährstoff Stickstoff, um zu wachsen, und kommen daher auch gut mit kargen Böden zurecht.

- Zu den Mittelzehrern gehören Salat, Kohlrabi, Spinat, Zwiebeln und Möhren.

- Zu den Starkzehrern zählt man Tomaten, Gurken, Paprika, Aubergine, Kohl, Kürbis, Zucchini, Kartoffeln und Sellerie – also alle schnell wachsenden Pflanzen, die viele oder sehr große Früchte hervorbringen. Denn auch im Gemüseleben gilt: Von nix kommt nix.

Wenn ihr also von Anfang an richtig planen wollt, pflanzt ihr an ein und derselben Stelle im Beet im ersten Jahr Starkzehrer an, im zweiten Jahr Mittelzehrer und im dritten Jahr Schwachzehrer. Im vierten Jahr sät ihr dann eine Gründüngung ein, die nur dafür da ist, dass sich der Boden erholen und mit neuem Humus und Nährstoffen anreichern kann. Dann beginnt ihr wieder mit den Starkzehrern. Und so weiter.

Gründüngerpflanzen sind eine gute Idee, denn sie lockern durch ihre tiefen Wurzeln den Boden auf, reichern ihn mit Stickstoff an und machen ihn damit außerordentlich gastfreundlich für das Gemüse, das ihr im nächsten Jahr dort aussät.

Zu den bekanntesten Gründüngerpflanzen gehören Klee und Lupinen. Aber auch die sehr hübsch blühenden Studentenblumen (Tagetes), Sonnenblumen, Ringelblumen oder der sogenannte Bienenfreund (Phacelia) gehören zu dieser Kategorie. Wenn euer Boden stark verdichtet, also fest ist, solltet ihr mit diesen Pflanzen beginnen: Sie lockern den Boden auf und bereiten das Beet damit optimal auf die Gemüsezucht im Folgejahr vor. Natürlich gehören aber auch die Gründüngerpflanzen zu einer Pflanzenfamilie. Achtet deshalb darauf, dass ihr die richtigen Pflanzen aussucht. Tagetes, Ringelblumen und Sonnenblumen sind zum Beispiel Korbblütler. Klee und Lupinen sind Hülsenfrüchtler.

FANGT ERST MAL AN!

Ich weiß, das klingt alles sehr kompliziert. Lasst euch aber nicht davon abschrecken, sondern fangt erst einmal an, ohne auf diese detailreichen Besonderheiten Rücksicht zu nehmen. Erst in eurem zweiten Gartenjahr müsst ihr euch mit all dem beschäftigen. Erinnert euch dann einfach, was ihr wo gepflanzt hattet, und sucht danach die Neupflanzung aus. So geht es nämlich auch.

Oder ihr arbeitet im Herbst einfach so viel Kompost, Komposterde oder Pferdemist in euer Beet ein, dass auch ohne Fruchtwechsel wieder genug Nährstoffe im Boden sind – und fangt dann erst an, generalstabsmäßig zu planen. Denn im zweiten Jahr seid ihr bereit dazu. So habe ich es übrigens auch gemacht.

Einfach loslegen ist meine Devise – am besten mit Erfolgsboostern, die den Gärtner in euch erwecken. Ihr werdet sicher viel Freude haben.

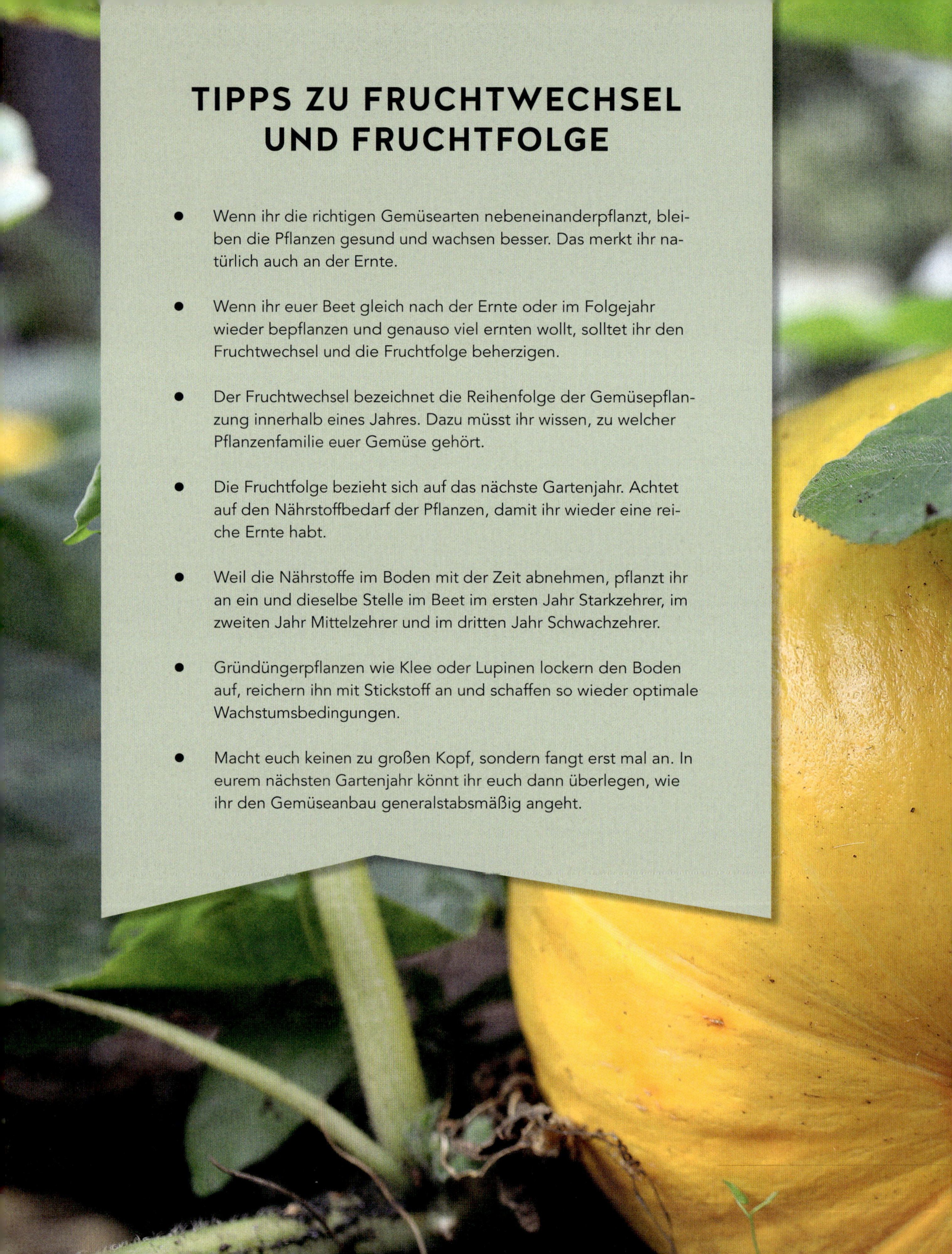

TIPPS ZU FRUCHTWECHSEL UND FRUCHTFOLGE

- Wenn ihr die richtigen Gemüsearten nebeneinanderpflanzt, bleiben die Pflanzen gesund und wachsen besser. Das merkt ihr natürlich auch an der Ernte.
- Wenn ihr euer Beet gleich nach der Ernte oder im Folgejahr wieder bepflanzen und genauso viel ernten wollt, solltet ihr den Fruchtwechsel und die Fruchtfolge beherzigen.
- Der Fruchtwechsel bezeichnet die Reihenfolge der Gemüsepflanzung innerhalb eines Jahres. Dazu müsst ihr wissen, zu welcher Pflanzenfamilie euer Gemüse gehört.
- Die Fruchtfolge bezieht sich auf das nächste Gartenjahr. Achtet auf den Nährstoffbedarf der Pflanzen, damit ihr wieder eine reiche Ernte habt.
- Weil die Nährstoffe im Boden mit der Zeit abnehmen, pflanzt ihr an ein und dieselbe Stelle im Beet im ersten Jahr Starkzehrer, im zweiten Jahr Mittelzehrer und im dritten Jahr Schwachzehrer.
- Gründüngerpflanzen wie Klee oder Lupinen lockern den Boden auf, reichern ihn mit Stickstoff an und schaffen so wieder optimale Wachstumsbedingungen.
- Macht euch keinen zu großen Kopf, sondern fangt erst mal an. In eurem nächsten Gartenjahr könnt ihr euch dann überlegen, wie ihr den Gemüseanbau generalstabsmäßig angeht.

TIPPS ZUR MISCHKULTUR

- Radieschen könnt ihr neben Möhren pflanzen.
- Salat mag Gurken, Kohlrabi, Möhren, Radieschen, Tomaten und Zwiebeln.
- Kartoffeln verstehen sich gut mit Kohlrabi, Kohl und Spinat.
- Möhren lieben Zwiebeln, Radieschen und Tomaten.
- Kohlrabi ist ein guter Nachbar für Kartoffeln, Radieschen, Spinat und Tomaten.
- Zucchini mögen Zwiebeln, Salat, Radieschen und Spinat neben sich im Beet.
- Kürbis könnt ihr wunderbar neben Zwiebeln pflanzen.
- Aubergine fühlt sich neben Radieschen und Salat wohl.
- Paprika mögen die Nachbarschaft von Möhre, Gurken, Kohl und Tomaten.
- Tomaten könnt ihr gut neben Kohlrabi, Salat, Möhren, Spinat und Sellerie pflanzen.
- Gurken lieben Salat, Kohl, Zwiebeln und Sellerie.
- Zwiebeln finden es toll neben Möhren.

DIE RICHTIGE PFLEGE DER BEETE

Wenn ihr fertig seid mit dem Einsäen eures Lieblingsgemüses, habt ihr einen großen Teil der Farming-Arbeit schon erledigt. Aber eben nicht alles. Denn eure Beete und Kübel brauchen auch danach noch etwas Pflege und Aufmerksamkeit. In erster Linie geht es dabei um das Entfernen von Unkraut. Ihr solltet den Boden aber auch hin und wieder etwas auflockern, damit das Regenwasser gut einsickern kann und die Pflanzen »atmen« können. Und wässern müsst ihr. Und zwar immer dann, wenn es mehrere Tage am Stück nicht geregnet hat.

RICHTIG JÄTEN

Beginnen wir mit dem richtigen Unkrautjäten, denn ihr werdet nicht daran vorbeikommen: Ab und zu muss euer Beet von Störenfrieden befreit werden. Weil es am Anfang aber oft schwer ist,

Für meine Katzen ist Gartenarbeit wie spielen. Egal, ob ich jäte oder anhäufele: Sie sind dabei.

Eine Dusche am Morgen macht Pflanzen genauso fit für den Tag wie Menschen. Und wer morgens gießt, lockt weniger Schnecken an.

diese von den sprießenden Keimen zu unterscheiden, wartet ihr einfach mit dem ersten Jäten, bis ihr klar erkennen könnt, was aus eurem Saatband beziehungsweise eurer Samenfurche sprießt und wer es sich widerrechtlich in eurem Beet gemütlich gemacht hat.

Grundsätzlich gilt: Die Orchidee im Rosenbeet ist Unkraut. Will heißen: Alles, was ihr nicht als Gemüse ins Beet eingesät habt, muss raus. Es gibt zwar auch Unkraut, dessen Wurzeln förderlich sind, weil sie den Boden auflockern. Aber das führt hier zu weit. Rupft daher einfach alles raus, was nicht dort hingehört – und zwar dann, wenn ihr es erkennen könnt und wenn ihr Zeit dazu habt. Auch in einem Beet mit etwas Unkraut wächst gesundes Gemüse heran. Das Unkraut sollte nur nicht so groß werden, dass die Wurzeln mit denen eures Gemüses um Nährstoffe konkurrieren oder das Unkraut euren Gemüsepflanzen das Licht wegnimmt.

Nachdem ihr das Unkraut rausgerupft habt, werft ihr es am besten in die Biotonne. Wenn ihr es auf euren Komposthaufen schmeißt, habt ihr nachher vielleicht noch keimfähige Unkrautsamen im Kompost – und damit dann wieder viel Arbeit, wenn ihr den Kompost später auf eurem Beet ausbringt.

Wichtig ist auch, dass ihr die Erde in eurem Beet regelmäßig auflockert. Zieht dafür am besten eine Gartenkralle durchs Beet (natürlich nur zwischen den gesäten Reihen!). Zum Unkrautjäten hat sich bei mir außerdem die sogenannte Pendelhacke sehr bewährt, weil sie auch fester und tiefer wurzelndes Unkraut rückenschonend entfernt.

RICHTIG WÄSSERN

Richtig wässern ist eigentlich ganz einfach. Aber weil man dabei doch einige Fehler machen kann, möchte ich kurz darauf eingehen.

Das Wichtigste ist: Ihr müsst eure Pflanzen nicht jeden Tag gießen – es sei denn, es herrschen Sahara-Temperaturen. Wenn ihr das Beet dreimal in der Woche richtig ordentlich durchfeuchtet, dann reicht das. Zu viel Wasser ist nämlich gar nicht gut. Töpfe und Kübel trocknen natürlich schneller aus als ein Beet. Aber auch dort müsst ihr in der Regel nicht jeden Tag gießen.

Am besten ist es, ihr versorgt eure Pflanzen schon morgens mit Wasser. Dann gehen sie gestärkt in den Tag. Abends verdunstet zwar weniger Wasser, weil die Sonne nicht mehr scheint. Andererseits begünstigt abendliches Gießen aber Pilzerkrankungen und auch die Schnecken freuen sich darüber – und denen wollt ihr es ja wahrscheinlich nicht allzu kommod gestalten (mehr über Schnecken und andere »Räuber« im Gemüsebeet erfahrt ihr auf Seite 102–104).

Meine Tiere sind ein wichtiger Teil des Kreislaufs im Garten geworden. Meine Stute Sazou zum Beispiel liefert den besten organischen Dünger.

Denkt daran: Bei Tomaten und Gurken müsst ihr darauf achten, dass die Blätter beim Gießen nicht nass werden. Hier also unbedingt vorsichtig in Bodennähe gießen.

Wenn ihr die Möglichkeit habt, Regenwasser zum Gießen zu sammeln, so benutzt dieses. Denn Regenwasser enthält keinen Kalk, der bei empfindlichen Pflanzen die Nährstoffaufnahme blockieren kann. Außerdem kommt es nicht so kalt aus der Regentonne wie das Wasser aus der Leitung. Mit kaltem Leitungswasser könnt ihr euren Pflanzen nämlich einen echten Kälteschock bescheren und das mögen sie gar nicht. Ich habe mittlerweile eine Regentonne, aus der ich das Wasser für die Keimlinge und die Youngster-Pflanzen nehme, weil die noch empfindlicher sind als »großes« Gemüse. Bevor ich die Regentonne hatte, habe ich einfach eine große Gießkanne mit Leitungswasser gefüllt und diese in der Sonne stehen lassen, bis ich sie benutzt habe.

Für meine Beete habe ich dann aber auch ganz normales und mitunter ziemlich kaltes Leitungswasser genommen und aus der Ernte ist trotzdem was geworden.

RICHTIG DÜNGEN

Wenn ihr bei der Unterteilung in Schwach-, Mittel- und Starkzehrer aufmerksam mitgelesen habt (siehe Seite 74–75), wisst ihr jetzt schon einiges über den unterschiedlichen Nährstoffbedarf der Pflanzen. Dazu habt ihr erfahren, wie ihr ein Beet oder Hochbeet für die erste Gemüsepflanzung vorbereitet, indem ihr schon im Herbst zuvor oder spätestens im Frühjahr organischen Langzeitdünger in die Erde einarbeitet (beispielsweise Hornspäne oder Pferdemist).

Wenn dann zuerst Schwachzehrer ins Beet kommen, müsst ihr nichts weiter machen – also nicht mehr nachdüngen. Diese Pflanzen wären mit zu viel Dünger nämlich total überfordert. Bei den Mittelzehrern, vor allem aber bei den Starkzehrern empfiehlt sich dagegen auch während der Wachstumsperiode etwas Düngung. Ich habe hier gute Erfahrung mit Flüssigdünger gemacht, den man dem Gießwasser beimischen kann. Auch hier gibt es Produkte, die speziell auf den Nährstoffbedarf von Gemüsepflanzen abgestimmt sind.

Pferdemist als organischen Langzeitdünger einzusetzen ist übrigens eine richtig gute Idee. Denn Pferde sind Vegetarier und ihre Hinterlassenschaften bestehen deshalb vor allem aus verdauten Pflanzenresten – perfekter organischer Dünger für euer Beet, der noch dazu nicht unangenehm riecht. Wenn ihr mal raus aufs Land fahrt und einen kleinen Reitstall seht, dann fragt dort einfach, ob ihr einen großen Sack Pferdeäpfel mitnehmen dürft. Ihr werdet dafür mit ziemlicher Sicherheit nichts bezahlen müssen, erst recht, wenn ihr anbietet, euch die Äpfel selbst von der Weide zu holen. Denn die Weiden müssen auch von den Pferdebesitzern regelmäßig »abgeäppelt« werden, damit das Gras keinen Schaden nimmt. Eine Arbeit, bei der Hilfe immer willkommen ist.

Die frischen Pferdeäpfel solltet ihr dann noch ein paar Monate bei euch lagern, damit sie weniger »scharfsäurig« sind, wenn sie mit eurem Gemüse in Kontakt kommen. Ich habe mir deshalb einen Kunststoff-Kompostbehälter gekauft, in dem ich Sazous Hinterlassenschaften sammle. Der Behälter hat unten eine Klappe, aus der man das älteste eingelagerte »Material« ganz praktisch herausnehmen kann, während man oben fleißig nachfüllt. Wenn ihr schon abgelagerten Pferdemist habt, könnt ihr diesen im Frühjahr unters Beet mischen – also direkt bevor es mit dem Bepflanzen losgeht. Der Mist ist dann bereits gut verrottet und eure Gemüsepflanzen freuen sich über den Humus. Richtig perfekt ist der Pferdemist zwar erst nach ein bis zwei Jahren. Aber wer will schon so lange warten …

Ihr könnt natürlich auch zwischendurch einfach etwas Kompost um die Pflanzen streuen und vorsichtig ins Beet einarbeiten – womit wir auch schon bei der nächsten guten Idee wären: die Anlage eines eigenen Komposthaufens.

- → Wartet mit dem Jäten, bis ihr Unkraut und Gemüsepflänzchen sicher voneinander unterscheiden könnt.
- → Gießt lieber morgens als abends.
- → Pferdemist ist ein toller organischer Langzeitdünger.

EUER NEUES OBJEKT DER BEGIERDE: DER EIGENE KOMPOSTHAUFEN

Spätestens wenn ihr die erste Gartensaison erfolgreich hinter euch gebracht und Blut geleckt habt, werdet ihr einen eigenen Komposthaufen haben wollen. Ich weiß das, weil es bei mir ganz genauso war. Und es ist auch wirklich schöner, die Küchen- und Gartenabfälle selbst zu verwerten, als sie in die Biotonne zu werfen. Man spürt dann richtig, dass sich langsam ein Kreislaufsystem im etabliert. Allerdings kommt vor der Freude über das wirklich nachhaltige Verhalten wie immer etwas Mühe. Denn ein Komposthaufen ist beileibe kein Haufen, auf den man einfach alles draufschmeißt, wie es kommt. Stattdessen solltet ihr mit System kompostieren, wenn ihr am Ende wirklich guten Humus für eure Obst- und Gemüsepflanzen erhalten wollt.

Der Komposterde (links, also in meiner Rechten) sieht man schon an, dass sie nur so vor Nährstoffen strotzt. Im Vergleich dazu: »normale« Erde.

Als Erstes steht die Auswahl des Ortes für euren Komposthaufen an. Wählt einen nicht zu windstillen Platz im Halbschatten – auf Erde oder Gras, damit die kleinen Lebewesen vom Boden aus in den Komposthaufen gelangen können. Sie sind ab jetzt eure Mitarbeiter, mit ihrer Hilfe entsteht der Humus. Wenn ihr Wühlmäuse fernhalten wollt – die müsst ihr nämlich nicht mit ins Team aufnehmen –, könnt ihr wie beim Hochbeet einen Hasendraht unter dem Kompost anbringen. Die kleinen Nützlinge können problemlos durch ihn durchkrabbeln, aber die Nager bleiben fern.

Bei der Auswahl des Behälters könnt ihr zwischen Lattenkompostern, bei denen ihr das Holz für den Rahmen ineinandersteckt, Drahtgitterkompostern, die ihr euch zum Beispiel aus Stabmatten selbst bauen könnt und Kunststoffkompostern wählen. Letztere haben meist eine Klappe im unteren Bereich, aus denen ihr den fertigen Kompost bequem entnehmen könnt.

»Kompost liefert die tollste Erde. Und kostet euch gar nichts – außer Zeit.«

Folgendermaßen solltet ihr schichten: Im unteren Teil des Komposthaufens könnt ihr gröberes Material wie Äste oder Baumschnitt entsorgen. Darüber kommt Feineres wie Laub oder Rasenschnitt. Ganz oben ist dann Platz für Küchenabfälle und Gartenreste. Je unterschiedlicher der Inhalt des Komposthaufens ist, desto besser. Allerdings locken Küchenabfälle auch gerne mal Ratten an, vor allem dann, wenn ihr auch Fleischreste und Gekochtes auf den Komposthaufen packt. Die haben dort aber nichts zu suchen. Von Schädlingen und Pilzen befallenes Pflanzenmaterial solltet

Neben Küchenabfällen kommt auch fauliges oder erfrorenes Gemüse auf den Kompost und wird dort zu neuer, gehaltvoller Erde.

ihr ebenfalls auf keinen Fall auf den Komposter werfen. Denn viele Pilzsporen und Keime überleben den Verrottungsprozess und können eure Pflanzen daher anstecken und krank machen, wenn ihr den Kompost später im Beet ausbringt.

Für die kleinen Lebewesen und Mikroorganismen, die den Inhalt eures Komposthaufens nach und nach zersetzen, ist es förderlich, wenn dieses Material nicht nass, aber leicht feucht ist. Wenn Wasser aus dem Komposthaufen herausläuft, solltet ihr ihn etwas abdecken. Dann ist er zu nass. Komplett austrocknen sollte er aber auch nicht.

Nach zehn bis zwölf Monaten ist der Kompost fertig. Es macht also Sinn, von Anfang an gleich zwei oder drei Komposthaufen anzulegen. In einer perfekten Welt ist dann immer einer schon »reif« und ihr könnt euch aus ihm bedienen. Der zweite Haufen befindet sich gerade in der Reife- beziehungsweise Ruhephase und der dritte ist der, den ihr gerade zur Entsorgung der Garten- und Küchenabfälle benutzt.

Jack hat beim Kartoffelbeet so viel mitgeholfen, dass er am Ende wohl dachte, er wäre selbst eine Knolle.

WIE MEINE TIERE BEIM HOMEFARMING MITHELFEN

Als in mir der Wunsch wuchs, selbst Gemüse anzubauen und auch Hühner im Garten zu halten, hatte ich das große Ganze ehrlich gesagt noch gar nicht im Blick. Die Sehnsucht nach mehr Nachhaltigkeit und die Liebe zur Natur hatten mich zwar motiviert, mit dem Homefarming zu beginnen, aber ich hätte nicht gedacht, wie schnell dadurch tatsächlich ein funktionierendes Kreislaufsystem in meinem Garten entsteht.

Meine Stute Sazou, die ich am Wochenende manchmal zu mir auf das Grundstück hole, um Zeit mit ihr zu verbringen und im Naturschutzgebiet nebenan auszureiten, liebt meine kleine Farm, weil sie hier auf zwei für sie reservierten Weide-Paddocks entspannen und grasen kann. Stundenlang, so wie es ihr gefällt. In dem Trainings- und Sportstall, in dem sie eigentlich eingemietet ist, steht sie nämlich meist in einer klassischen Pferdebox und hat viel weniger Weidezeit und Auslauf.

Während Sazou also so vor sich hin chillt und das Weidegras genießt, das ich für sie gepflanzt habe, erleichtert sie sich hin und wieder. So kommt in wenigen Tagen schnell eine Schubkarre voller Pferdeäpfel zusammen. Und die hüte ich wie einen Goldschatz. Ich lagere sie nämlich so, dass sie langsam verrotten und ich sie dann als organischen Langzeitdünger in meine Beete einarbeiten kann. Dort wächst mein Gemüse wegen dieser Humus-Düngung ganz besonders gut – und darunter sind auch Möhren, von denen ich wiederum manche als Vitaminbomben an Sazou verfüttere. Ich bilde mir übrigens ein, dass auch sie die Möhren aus meinem Garten viel leckerer findet als die aus dem Supermarkt. Sie ist ganz verrückt danach.

Die Hühner sind ebenfalls Nutznießer meines Gemüseanbaus und somit indirekt auch Nutznießer der guten Düngung durch Sazou. Denn auch sie bekommen Gemüsereste und Salat aus meinen Beeten. Und sie flippen förmlich aus vor Freude, wenn ich mit einem Körbchen voll mit frischem Grünzeug in ihr Gehege komme. Mit Sazou konkurrieren sie dann um die Möhren, denn wie ihr im Kapitel über die Hühnerhaltung im eigenen Garten noch sehen werdet, lässt sich aus Möhren, Eiern, Brennnesseln und Löwenzahn ein leckerer Welcome Snack zaubern – für die Küken, die jetzt regelmäßig in meinem Garten schlüpfen. Und die Sazou ganz hinreißend findet, wenn sie mal wieder ausbrechen und neben ihr über die Pferdeweide flitzen.

Hühnermist ist übrigens ebenfalls ein wunderbarer Pflanzendünger, den ich hin und wieder auch auf meine Komposthaufen werfe. Es gibt sogar Menschen, die schwören, dass Hühnerfedern, die man zu Tomaten in den Pflanztopf legt, wahre Wunder vollbringen. Ich habe das tatsächlich schon ausprobiert und die Tomaten sind außerordentlich gewachsen. Ob das aber wirklich an den Hühnerfedern lag, kann ich nicht mit Sicherheit sagen. Vielleicht muss man auch ein bisschen dran glauben.

Dass die Hühner mir in unserem Kreislaufsystem im Gegenzug jeden Morgen aufs Neue Eier schenken, erwähne ich an dieser Stelle nur kurz. Denn die Schwärmerei über meine gackernden Freunde im Garten findet noch ausführlich im Hühnerteil dieses Buches statt.

Auch meine Katzen Luzi, Lotti und Jack tragen ihren Teil zur Kreislaufwirtschaft bei. Sie weigern sich zwar partout, Gemüse aus dem Garten zu essen, aber sie halten die Wühlmäuse und Ratten fern, die gern mal vorbeischauen, wenn man Komposthaufen und Hühner hat. Außerdem helfen sie nur zu gern beim Buddeln. So gern, dass ich zum Beispiel aufpassen muss, wenn ich Pflanzkartoffeln in die Erde lege. Ich habe schon erlebt, dass Lotti und Jack sie hinter meinem Rücken direkt wieder rauskickten, um damit Fußball zu spielen. In dem Fall wird es natürlich schwierig mit der Ernte.

Ansonsten genießen die Tiere die vielen Stunden mit mir im Garten genauso, wie ich es andersherum tue. Das erklärt vielleicht auch, warum Lotti und Jack so viele Fotos in diesem Buch gefoto-bombt haben. Sie sind einfach immer so gern dabei.

Ich weiß nicht, ob ihr Tiere habt. Aber wenn nicht, dann legt euch welche zu. Und denkt tatsächlich über eigene Hühner nach. Sie machen nicht nur Freude, sondern mit ihren Eiern auch satt. Euer Leben wird reicher dadurch. Vertraut mir.

lucky berry

BEEREN AUS DEM GARTEN – EIN PARADIES ENTSTEHT

Habt ihr beim Thema Küchengarten bisher nur an Gemüse und Kräuter gedacht? Dann möchte ich euch an dieser Stelle dazu motivieren, unbedingt auch Beerensträucher ins Kalkül zu ziehen.

Es ist nämlich so einfach: Ihr kauft euch Himbeeren, Blaubeeren, Brombeeren und Stachelbeeren als kleine Pflanzen im Gartencenter und pflanzt sie an einen sonnigen bis halbschattigen Platz im Garten oder in einen entsprechend großen Topf, den ihr auf eure Terrasse oder euren Balkon stellt. Und das war es im Grunde schon.

Ihr müsst danach nichts weiter machen, als den Sträuchern ausreichend Wasser zu geben, ab und zu mit Beerendünger für Nährstoffnachschub zu sorgen und zu warten. Darauf, dass die Pflanzen zu Büschen heranwachsen, an deren Trieben so viele leckere und süße Früchte wachsen, dass ihr ab jetzt immer frische Beeren für euer morgendliches Müsli oder euren Beerensmoothie habt. Dass ihr beim Gang durch den Garten direkt vom Busch naschen und Marmelade kochen könnt, nach denen sich alle die Finger lecken werden. Und bei der ihr die Menge an Industriezucker, die hineinkommt, selbst bestimmen könnt.

Wenn ihr eine Beerenpflanze gekauft habt, gießt ihr sie erst einmal kräftig, sodass die Erde in dem Topf, in dem sie steckt, schön nass ist. Dann hebt ihr ein Loch aus, das etwa doppelt so breit und etwa 10 Zentimeter tiefer ist als der Topf, in dem die Pflanze zu euch gekommen ist. Dann krümelt ihr einen Teil der aufgelockerten, aus dem Loch herausgehobenen Erde wieder rein in das Loch und mischt sie dabei mit etwas Beerendünger. Nehmt die Pflanze vorsichtig aus ihrem Topf, stellt sie in das Loch, packt die restliche aufgelockerte Erde drum herum und drückt sie schön fest an. Achtet dabei darauf, die Erde nicht zu einem Hügel anzuhäufen, weil von dem der Regen abläuft. Formt lieber eine kleine Minikuhle, die das Regenwasser noch besser zu den Wurzeln eurer Beerenpflanze leitet.

Die langen Triebe von Him- und Brombeeren könnt ihr an Stäben oder am Zaun festclipsen, damit sie nicht am Boden herumliegen.

Sobald sie eingepflanzt ist, noch mal kräftig wässern. Und dann heißt es einfach nur warten, bis die Beeren wachsen.

Lediglich schneiden solltet ihr eure Beerensträucher, damit sie jedes Jahr wirklich viele große und süße Früchte hervorbringen. Dabei kommt es aber auf die Beerenart an.

Blaubeeren könnt ihr in den ersten drei bis vier Jahren komplett in Ruhe lassen. Danach entfernt ihr im Herbst einfach die holzigen, alten Triebe, weil an ihnen nur noch kleine, säuerliche Früchte wachsen. Ihr erkennt diese Triebe an der ausgeblichenen Farbe und der »rissigen« Haut. Schneidet sie direkt über dem Boden ab.

Brombeeren solltet ihr von Anfang an regelmäßig stutzen. Zum einen weil sie sehr ausufernd wachsen, zum anderen weil sie nach dem Rückschnitt mehr Früchte produzieren. Am einfachsten ist es, wenn ihr euch merkt, welche Triebe Früchte getragen haben und diese dann im Herbst direkt nach der Ernte etwa 20 Zentimeter über dem Boden abschneidet. Habt keine Scheu, denn an diesen Trieben wächst im nächsten Jahr sowieso nichts Tolles. Die Beeren sitzen immer an den neuen Trieben. Ihr werdet übrigens schnell merken, dass Brombeeren ein Spalier zum Ranken benötigen. Auch für euch ist das Ernten einfacher, wenn die Triebe nicht einfach auf der Erde herumliegen, wo sie zudem schnell neue Wurzeln bilden und sich dann unkontrolliert vermehren.

Im ersten Jahr war die Stachelbeerernte noch nicht so groß. Da habe ich alles direkt gegessen. Später will ich aus ihnen auch Marmelade kochen.

Stachelbeeren brauchen ebenfalls einen »Friseurtermin« im Herbst. Wenn ihr euch auch hier für einen Busch entschieden habt (und nicht für ein Hochstämmchen, das sich übrigens für einen Kübel auf der Terrasse oder dem Balkon bestens eignet), sucht ihr euch am Ende der Saison etwa drei bis vier alte, kräftige Bodentriebe und zwei junge Bodentriebe, die ihr jeweils um etwa ein Drittel kürzt. Die anderen Bodentriebe schneidet ihr direkt über den Boden komplett ab. Die Früchte wachsen dann im Folgejahr an den frischen Seitentrieben der von euch eingekürzten Bodentriebe. Übrigens: Stachelbeeren wachsen auch an schattigeren Standorten, unter Bäumen beispielsweise. Wenn sie zu viel pralle Sonne bekommen, ist das gar nicht so gut für sie.

Bei Himbeeren kommt es ein bisschen darauf an, welche Sorte ihr gepflanzt habt, denn es gibt solche, die im Frühsommer Früchte tragen, und solche, die erst im Herbst so weit sind. Wieder andere beglücken euch im Frühsommer UND im Herbst mit ihrer Ernte. Ich empfehle euch die Sorten, die nur im Herbst oder zweimal im Jahr tragen. Denn im Herbst sind die Himbeeren frei von kleinen Würmern – und mich persönlich hat diese ungewollte Fleischeinlage immer gestört.

Bei Sommer- und Herbsthimbeeren schneidet ihr die Triebe, die Früchte getragen haben, direkt nach der Ernte über dem Boden ab. Wenn ihr Twotimer-Himbeeren habt, also Himbeerbüsche, die im Frühsommer und im Herbst Früchte produzieren, müsst ihr dagegen etwas aufpassen. Denn im Sommer hängen die Himbeeren an den zweijährigen, im Herbst an den einjährigen Trieben. Deshalb schneidet ihr hier nicht nach der Ernte im Spätsommer oder Herbst, sondern schon im Frühjahr alle alten, bräunlichen Triebe bodennah ab. Ihr erkennt diese Triebe schnell, weil sie sich von den jungen optisch ganz eindeutig unterscheiden.

Erdbeeren haben den Vorteil, dass ihr sie nicht zurückschneiden müsst, aber den Nachteil, dass sie erst im zweiten Jahr eine wirklich erfreuliche Ernte bringen und außerdem schon nach vier Jahren zu schwächeln beginnen und der Ertrag zum Erliegen kommt. Okay, verglichen mit Gemüse, das ja in der Regel einjährig ist, klingt das gut, aber verglichen mit Himbeeren und Brombeeren dann doch eher mau.

Wenn ihr euch junge Erdbeerpflanzen aus dem Gartencenter holt, gebt ihnen auf jeden Fall einen schönen sonnigen Standort, gute Düngung und ab Mai etwas Strohmulch. Mulchen bedeutet, dass ihr die Erde rund um den Stamm beziehungsweise die Bodentriebe der Pflanze abdeckt – in diesem Fall mit Stroh –, damit die Früchte sauber und die Blätter trocken bleiben und nicht zu schimmeln beginnen.

Ich persönlich bin ein Himbeerfan. Ich mag die Früchte unglaublich gern und gepflanzte Himbeerbüsche bringen einfach eine so leckere, zuckersüße und vor allem reichhaltige Ernte, dass ihr auf die teuren Schälchen mit Himbeeren aus dem Supermarkt verzichten könnt. Für extrem wenig Einsatz habt ihr bei Himbeeren einfach einen extrem hohen, lohnenswerten Output. Und das mag ich.

»Beeren machen besonders viel Spaß im Garten. Einmal gepflanzt sind sie extrem pflegeleicht und frohwüchsig.«

OBST AUS DEM GARTEN – WARUM IHR BÄUME PFLANZEN SOLLTET

Wenn ihr einen eigenen Garten habt, in dem noch keine Obstbäume wachsen, dann solltet ihr unbedingt welche pflanzen. Denn Früchte sind einfach toll und sie machen kaum Arbeit. Und wenn ihr jetzt denkt, dass es dann bestimmt noch Ewigkeiten dauert, bis ihr ernten könnt, kann ich euch beruhigen. Auch ich stand vor drei Jahren im Gartencenter vor ca. 1,50 Meter großen Apfelbäumchen und fragte die Fachverkäuferin: »Sagen Sie – gibt's die auch in größer?« Und als sie verneinte, setzte ich etwas verzweifelt nach: »Also, ich bin jetzt 42 Jahre alt und ich möchte eigentlich schon noch erleben, dass die Früchte tragen ...« Sie beruhigte mich daraufhin lachend: »Das geht schnell. Schon nächstes Jahr, spätestens übernächstes haben sie eigene Äpfel.«

Weil ich den alten Apfelbaum am Haus nicht fällen wollte, habe ich meine Terrasse einfach um ihn herumgebaut. Jetzt kann ich in seinen Ästen sogar meine Outdoor-Lampen aufhängen und sitze im Frühjahr direkt unter einem Meer aus rosaroten Blüten.

Was soll ich sagen: Die Frau hatte recht. Von den drei »Miniatur-Apfelbäumen«, die ich an jenem Tag kaufte und pflanzte, trug ausgerechnet der kleinste sogar noch im selben Jahr seine ersten vier Früchte. Ich habe sie natürlich abgefeiert wie noch keinen Apfel zuvor.

Wenn ihr auch eigene Äpfel ernten wollt, kann ich euch deshalb nur ermutigen. Ihr müsst aber wissen, dass ihr dann wahrscheinlich einen sonnigen Platz für gleich ZWEI Apfelbäume braucht. Denn ein Apfelbaum braucht immer einen »Befruchter-Baum«. Erst wenn die Bienen von einem zum anderen fliegen, passiert die Bestäubung und nur so können Äpfel entstehen.

Die Schwierigkeit besteht darin, dass sich nicht alle Apfelbäume gegenseitig bestäuben können. Deswegen solltet ihr folgendermaßen vorgehen: Ihr sucht euch die Apfelsorte aus, die ihr gern mögt und deren Standortwünsche zu eurem Garten passen. Und dann sucht ihr euch den passenden Befruchterbaum aus. Wichtig ist, dass dieser zur gleichen Zeit blüht. Im Internet findet ihr diverse Seiten mit tabellarischen Überblicken, welcher Befruchterbaum zu welchem Apfelbaum passt. Mir gefällt die Aufstellung vom BUND Lemgo besonders gut (den Internetlink findet ihr auf Seite 238).

Ihr könntet euch natürlich auch in der Nachbarschaft erkundigen, ob dort Apfelbäume im Garten stehen. Vielleicht hat ein Nachbar genau den Befruchterbaum, der zu eurer Sorte passt. Selbst wenn er in ein bis zwei Kilometer Entfernung wächst, könnte das noch funktionieren. Und könnte doch ganz lustig sein, so eine Tour durch die Nachbarschaft, oder? »Hallo, ich wohne zwei Straßen weiter und wollte mal fragen, ob Sie befruchten können.« Könnte zu ungeahnten neuen Freundschaften führen.

EINEN APFELBAUM PFLANZEN

Wenn ihr alles ausgesucht und vorbereitet habt und bereit seid, euren Apfelbaum zu pflanzen, holt ihr zunächst einmal den Wurzelballen aus dem Transporttopf und stellt ihn in einen Eimer mit Wasser. So können sich die Wurzeln richtig schön vollsaugen. Das wird ihnen guttun, bevor sie ihr neues Zuhause beziehen. Lasst den Wurzelballen deshalb ruhig ein paar Stunden in dem Wassereimer.

Danach hebt ihr mit dem Spaten ein Loch aus, das in etwa doppelt so groß ist wie der Wurzelballen eures Baumes.

Bevor ihr den Apfelbaum nun ins Loch setzt, schneidet ihr die dicken Hauptwurzeln ein bisschen mit der Gartenschere an – in etwa so wie man es bei einem Blumenstrauß macht. Dann mischt ihr unter die Erde, die ihr aus dem Loch gehoben habt, ein bisschen Pferdemist oder etwas Obstbaumdünger, setzt den Baum in das Loch und füllt dieses mit der aufgelockerten, frisch gedüngten Erde dann so aus, dass das Bäumchen Halt und Standfestigkeit bekommt, ohne dass seine Wurzeln abknicken oder eingequetscht werden. Drückt die Erde aber ruhig vorsichtig an, um Hohlräume aufzufüllen, und formt wie bei den Beerenstäuchern eine Gießmulde, damit das Gießwasser und der Regen nicht gleich ablaufen, sondern auch zu den Wurzeln gelangen. Dann wird noch einmal ordentlich gewässert. Ich habe meinen Apfelbäumen auch noch einen stützenden Pfahl an die Seite gestellt, weil es in Hamburg doch gern mal etwas windig ist und ich Sorge hatte, dass die kleinen Bäumchen umknicken.

Direkt nach dem Pflanzen wird übrigens der erste Obstbaumschnitt empfohlen. Da dies aber eine Wissenschaft für sich ist, habe ich folgenden gut gemeinten Rat für euch: Kauft eure Obstbäum-

chen nicht im Internet oder im Aktionsbereich des Supermarktes, sondern in einer qualifizierten Gärtnerei. Dann könnt ihr nämlich die Fachkräfte dort bitten, den ersten Schnitt direkt vor Ort durchzuführen. Da euer Bäumchen schon wenige Stunden später im Boden sein wird, ist das völlig in Ordnung. Besser jedenfalls, als wenn ihr es ohne Vorwissen rund um den Obstbaumschnitt selbst versucht.

Wenn die Apfelbäume dann erst einmal gepflanzt sind, müsst ihr sie eigentlich nur noch einmal im Jahr – am besten im Herbst – mit Langzeitdünger versorgen und im Frühjahr etwas zurückschneiden (siehe das folgende Kapitel). Ansonsten braucht ihr nur ab und zu zu schauen, dass sich keine Läuse breitmachen.

Je nach Sorte könnt ihr dann ab August eure eigenen Äpfel ernten. Ihr solltet dafür einen Test machen: Wenn ihr den Apfel vorsichtig in die Hand nehmt und leicht dreht und sich der Stiel dabei sofort vom Zweig löst, ist er reif. Wenn ihr an dem Apfel zerren müsstet, um ihn zu ernten, dann ist er noch nicht so weit. Lasst ihn dann einfach noch ein bisschen länger am Baum.

Es gibt Apfelsorten, die ihr nach der Ernte noch lang aufbewahren beziehungsweise lagern könnt, ohne dass sie braun und schrumpelig werden. Wenn euer Ziel die weitgehende Selbstversorgung ist, solltet ihr bei der Auswahl eurer Apfelbäume auch darauf achten. Es ist nämlich einfach ein schönes Gefühl, wenn ihr euch noch im Dezember und Januar frischen Saft mit Vitaminen aus eurer Herbsternte machen könnt. Ich presse in meinen übrigens noch Möhren (siehe Seite 212).

Übrigens: Es gibt auch Apfelbäume, die für den Kübel auf dem Balkon geeignet sind. Ihr findet diese speziellen Züchtungen unter der Bezeichnung »Säulenobst«. Manche davon werden nur 1,20 Meter groß und tragen trotzdem reich.

PFLAUMEN UND ZWETSCHGEN

Wenn ihr einen Pflaumen- oder Zwetschgenbaum pflanzen wollt – was auch eine wunderbare Idee ist, weil ihr die Früchte auf so vielerlei Art verarbeiten könnt –, braucht ihr nicht unbedingt einen Befruchterbaum. Hier sind die meisten Sorten selbstbefruchtend.

Bei der Pflanzung geht ihr genauso vor, wie ich es beim Apfelbaum beschrieben habe. Im Herbst brauchen Pflaumen- und Zwetschgenbäume ebenfalls etwas Langzeitdünger, ansonsten aber nur genügend Wasser und Licht.

Zwetschgen tragen oft in einem Jahr ganz viele Früchte – und dann wieder ein Jahr fast gar keine. Wundert euch nicht, das ist normal.

Je nach Sorte könnt ihr eure Zwetschgen und Pflaumen von Juli an bis in den Herbst hinein ernten. Etwa zehn Tage nachdem sich die Schalen dunkelblau gefärbt haben, könnt ihr loslegen mit dem Pflücken.

Im Genießerteil hinten verrate ich euch auf Seite 203 das leckerste Pflaumenmarmeladerezept der Welt. Denn lange lagern könnt ihr die frischen Früchte leider nicht. Wenn ihr sie noch in anderer Form als Marmelade aufheben wollt, könnt ihr sie aber auch einfrieren (siehe Seite 188–189).

MIRABELLEN

Hätten in meinem Garten nicht schon vorher Mirabellenbäume gestanden, wäre ich wahrscheinlich nie auf die Idee gekommen, sie zu empfehlen. Ich kann mich schlicht und einfach nicht erinnern, Mirabellen je auf meiner Einkaufsliste gehabt zu haben. Aber ich bin wirklich ein Fan geworden. Denn die Früchte werden auch in unseren Breitengraden zuckersüß. Ihr solltet sie ernten, sobald sie schön orangefarben leuchten und auf euren Fingerdruck sanft nachgeben.

In meinem Garten stehen zwei riesengroße Mirabellenbäume und ich habe sogar noch einen dritten geschenkt bekommen – von Uwe, meinem Nachbarn, über den ich weiter vorn im Buch schon mal kurz berichtet habe. Der Baum heißt jetzt auch »Uwe« und ich finde, es ist eine gute Idee, Freunde und Bekannte auf diese Art im Garten zu verewigen. Mal abgesehen davon, dass so ein Obstbäumchen auch eine fantastische Idee für euren Geburtstags-Wunschzettel ist, weil der Beschenkte bei der Ernte immer an den edlen Spender denken wird. Auch »Uwe« habe ich so gepflanzt wie beim Apfelbaumkapitel beschrieben und auch er trug schon im ersten Jahr einige zuckersüße Früchte. Bei Mirabellen gibt es sowohl selbstbefruchtende Sorten als auch solche, die einen Befruchter benötigen. Wie »Uwe« das so handhabt, weiß ich ehrlich gesagt gar nicht, da kein Sortenetikett am Baum hing. Aber da er der dritte Mirabellenbaum im Garten ist, setze ich jetzt einfach mal auf die Gruppendynamik.

KIRSCHEN

Da es in meinem Garten zwar eine riesige Sauerkirsche, aber keine Süßkirsche gab, habe ich auch diese noch nachträglich gepflanzt. Für beide Kirschenarten gilt: Es gibt sie auch selbstbefruchtend (wobei viele Süßkirschen einen Befruchterbaum brauchen), sie lieben sonnige, warme Standorte

Weil Kirschen keine Staunässe vertragen, sollte der Boden nicht zu nass und schwer sein. Arbeitet also viel lockeren Humus ins Pflanzloch.

und sie mögen es, wenn sie im Herbst gepflanzt werden. Ernten könnt ihr je nach Sorte bereits ab dem späten Frühjahr und bis in den Sommer hinein. Aber seid schnell: Vögel lieben Kirschen genauso wie wir.

HOLUNDER

Ein letzter Tipp noch: Denkt auch darüber nach, einen Holunder zu pflanzen. Früher wurden ihm magische Kräfte zugeschrieben und er sollte das Haus vor Blitzen und anderem Unheil schützen. Vielleicht stand ja auch deshalb schon ein Holunder in meinem Garten. Aber ich mag diese Pflanze auch so: Sie begnügt sich mit einem halbschattigen Platz, man muss sie nicht groß schneiden und Dünger braucht sie auch nicht. Außerdem verwöhnt sie nicht nur mit supervitaminreichen Holunderbeeren, sondern auch mit duftenden Blüten. Beides eignet sich für Selbstversorger, da ihr aus den Beeren leckeren Saft oder Gelee und aus den Blüten wunderbaren Holunderblütensirup herstellen könnt – zum Beispiel für einen »Hugo«, für den ihr Holunderblütensirup und Minze (die in Zukunft auch aus eurem Garten kommt) mit Prosecco und Soda aufgießt. Ein einfaches Rezept dafür verrate ich euch auf Seite 200. Sagt ja keiner, dass Homefarming nicht auch feucht-fröhlich machen kann. Aber mehr zu den Rezepten wie gesagt im Genießerkapitel.

Bei den Holunderblüten erntet ihr nur die, die sich schon voll geöffnet haben. Am besten schneidet ihr sie mit einer Schere ab.

- → Auch kleine Bäumchen tragen recht schnell Früchte.
- → Außer einem Rückschnitt im Frühjahr und etwas Dünger im Herbst brauchen eure Obstbäume kaum Pflege.
- → Einige Obstbaumarten brauchen »Befruchterbäume«, damit aus den Blüten auch Früchte werden.

DER RICHTIGE OBSTBAUMSCHNITT: EIGENTLICH NICHTS FÜR ANFÄNGER

Zur richtigen Pflege von Obstbäumen gehört auch der richtige Obstbaumschnitt. Und ich muss zugeben, dass der eine Wissenschaft für sich ist. Vor allem in den ersten Jahren, weil ihr den Baum da mit eurem Schnitt noch »erziehen«, also in die richtige Wuchsrichtung lenken könnt. Es gibt im Internet zahlreiche Tutorials zu diesem Thema und Bücher, die sich auf Hunderten Seiten nur mit dem richtigen Schneiden von Obstbäumen auseinandersetzen. Deshalb versuche ich es hier jetzt sehr pragmatisch.

Stellt euch vor, wie ihr als Kind einen Apfelbaum gemalt habt: Da war ein Stamm und da waren vier oder fünf dicke Äste, die die Krone bildeten und von denen kleinere Zweige nach außen gingen, an denen die Blätter und Früchte hingen. Letztendlich soll euer Obstbaum im Garten genauso aussehen. Denn mit dieser innerlichen Vorlage vor Augen bekommt ihr eine Baumkrone, die so licht und gleichmäßig ist, dass alle Früchte genügend Sonne abbekommen.

In der Praxis heißt das: Ihr schneidet alle Äste ab, die vom Haupttrieb aus nicht nach rechts und links, sondern nach innen wachsen. Genauso entfernt ihr alle Wassertriebe, das sind die Äste, die steil und senkrecht nach oben wachsen, und alle Äste, die komisch krumpelig nach unten wachsen und damit andere Triebe stören. Und zum Schluss kommen noch die Konkurrenztriebe weg, also alle Äste, die den Haupttrieben Konkurrenz machen.

Die meisten Obstbäume werden nach dem Frost geschnitten, also Ende Februar – nur bei Kirschen wird ein Schnitt im August empfohlen. Haltet Ausschau nach den kleinen Knospen, die dann im Ansatz schon zu erkennen sind, und schneidet den Ast knapp oberhalb davon schräg ab. Schräg deshalb, damit das Wasser, wenn es regnet, nicht in die frische Schnittstelle läuft, sondern abtropft.

Am besten holt ihr euch beim ersten Mal Hilfe. Es gibt in der Nachbarschaft oder im erweiterten Freundeskreis bestimmt jemanden, den ihr Ende Februar/Anfang März mal auf einen Kaffee in euren Garten einladen könnt, um euch den Obstbaumschnitt direkt an eurem Bäumchen erklären zu lassen. Ihr könnt auch im örtlichen Gartenbauverein nachfragen. Da dieses Buch sich an Anfänger richtet, möchte ich hier nicht zu sehr ins Detail gehen. Das verschreckt nur. Außerdem kann ich euch sagen: Auch an einem Obstbaum, der gar nicht geschnitten wird, wachsen Früchte. Nicht so viele und vielleicht auch nicht so große, aber es wachsen dort welche.

»Stellt euch vor, wie ihr als Kind einen Apfelbaum gemalt habt: So sollte euer Baum nach dem Schnitt aussehen.«

Pflanzschnitt: Bis auf drei oder vier Hauptäste alle Triebe entfernen und die verbliebenen um ein Drittel kürzen.

Erziehungsschnitt: Stamm und Hauptäste zurück-, Konkurrenz- und zu dicht stehende Triebe an den Astoberseiten abschneiden.

Erhaltungsschnitt: Konkurrenz- und Wassertriebe sowie alle zu dicht und nach innen wachsenden Zweige entfernen.

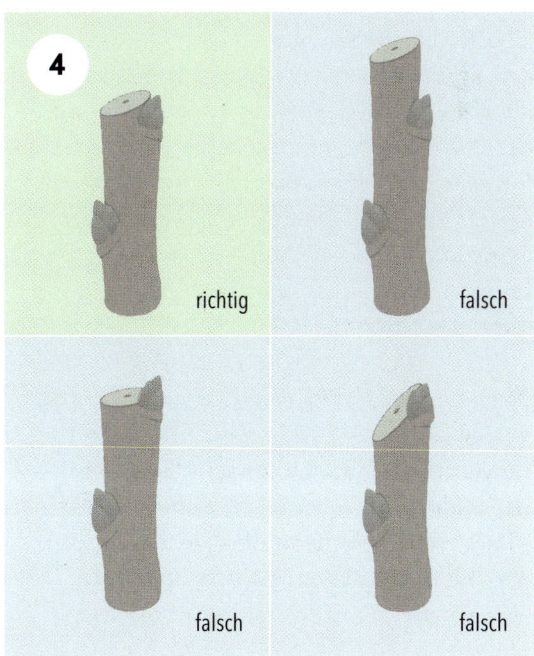

Der Schnitt erfolgt leicht schräg, direkt über einer Knospe, damit sich der Trieb später schön verzweigt.

Warum ich hier keine Mirabellen zeige? Aus Gründen, die ich euch gleich verraten werde …

DER GARTEN WARTET NICHT – WIE DER MIRABELLENBAUM MIR EINE LEKTION ERTEILTE

Eins meiner ersten großen Ernteerlebnisse im Garten hatte ich kurz nach dem Einzug in mein neues Haus. Ich war noch mitten in der Renovierung und hatte mich mit meinem Garten noch gar nicht richtig beschäftigt, als mir Früchte auffielen, die plötzlich auf dem Rasen lagen: kleine gelbe Mirabellen. Ich dachte kurz: »Wo kommen die denn her?«, dann wanderte mein Blick nach oben und ich sah, dass ich offenbar einen riesigen Mirabellenbaum im Garten hatte, der tatsächlich so viele leckere Früchte trug, dass sie schon überreif auf den Boden herunterfielen. Ich muss zugeben, dass ich den Mirabellenbaum ohne die Früchte gar nicht als solchen erkannt hätte. Weil ich einfach überhaupt wenig Ahnung davon hatte, wie die Bäume zum Obst eigentlich aussehen, welche Blattfarbe und Form sie haben und wann sie blühen und Früchte tragen. Natürlich kannte ich blühende Kirschbäume und auch Apfelbäume waren mir ein Begriff, aber eine Mirabelle war bis dato in meinem Leben einfach noch nicht aufgetaucht.

Ich fing also an zu pflücken und zu essen und war begeistert, dass die Mirabellen erstens wurmfrei waren und zweitens zuckersüß. Als ich schon Bauchschmerzen hatte vom Essen und der erste von gefühlt 800 Ästen nicht mal ansatzweise abgeerntet schien, holte ich mir eine große Schüssel und pflückte, bis sie voll war. Und jetzt? Mir war klar, dass sich die Früchte so nicht lang halten würden. Und daher entschloss ich mich, jetzt sofort (!) meine erste Marmelade zu kochen.

Nur wie? Ich hatte das noch nie gemacht und so führte mich meine Ahnungslosigkeit mal wieder als Erstes ins Internet: »Mirabellenmarmelade kochen« gab ich als Suchbegriff ein. Ich fand ähnlich viele Rezepte, wie Früchte an dem Baum hingen. Alle hatten eins gemein: Ich brauchte Gelierzucker. Und den hatte ich nicht. Also fuhr ich in Windeseile in den Supermarkt und schaffte es tatsächlich, kurz vor Ladenschluss noch Gelierzucker zu ergattern. Das ging vergleichsweise schnell. Denn was in den Stunden danach in meiner Küche folgte, war ein ewig langer Prozess des Entkernens. Um 1 Uhr nachts hielt ich endlich die ersten vier Gläser mit selbst gemachter Marmelade in den Händen und war stolz wie Oskar.

Und wie die schmeckte. Unglaublich! Weil die Früchte schon so überreif waren, war die Marmelade zuckersüß und ich entschied, dass dies die beste, die allerbeste Marmelade war, die ich jemals gegessen hatte. Das Problem war nur: Es waren lediglich vier Gläser. Und weil ich am folgenden Tag zu einer Drehreise starten musste, war klar: Es würden in dieser Mirabellen-Saison die einzigen vier Gläser bleiben.

Weil mir der ganze Prozess so ineffektiv vorkam, begann ich zu recherchieren. Das musste doch alles irgendwie einfacher gehen. Und tatsächlich erfuhr ich, dass es handliche Geräte gab, mit denen das stundenlange Entkernen der Früchte schneller vonstattenging. Und dass es Einkochautomaten gab, mit denen man mehrere Gläser voll Marmelade gleichzeitig haltbar machen konnte. Wenige Klicks später hatte ich die Ausstattung bestellt. Mit dem klar formulierten Ziel: Im nächsten Jahr bin ich vorbereitet. Dann wird der ganze Baum abgeerntet. Und dann startet hier eine Marmeladenproduktion im ganz großen Stil.

Leider war das aber nur die Theorie. Denn obwohl ich Equipment im Wert von über 100 Euro angeschafft hatte, gab es im Folgejahr kein einziges Glas Marmelade. Ich verpasste nämlich schlichtweg den Erntezeitpunkt. Als ich in den Urlaub fuhr, dachte ich: »Ah ja, jetzt sind sie endlich reif die Mirabellen. Wenn ich zurückkomme, wird geerntet.« Der Baum hing wieder voller Früchte. Tausende. Abertausende. Süß, gelb-orange, vollaromatisch. Lecker duftend. Aber als ich nach zehn Tagen zurückkam, hing, ob ihr es glaubt oder nicht, keine einzige Mirabelle mehr am Baum. Entweder die Vögel hatten sich alles geholt, und zwar restlos, oder die Früchte hatten sich schlichtweg in Luft aufgelöst.

Ich hatte wieder etwas Wichtiges gelernt: Wenn die Früchte erntereif sind, muss man sie ernten. Der Zeitkorridor ist eng. Der Garten wartet nicht aufs Urlaubsende. Und kein Equipment der Welt kann das ändern.

SCHÄDLINGSBEKÄMPFUNG

Mit ziemlich großer Wahrscheinlichkeit werdet ihr in eurem ersten Gartenjahr schon mit Schädlingen zu tun haben. Sie gehören eben genauso zur Natur wie die Nützlinge – mit dem Unterschied, dass sie nicht willkommen sind, weil sie die Ernte gefährden.

Wenn ihr das Kapitel über die richtigen Beetnachbarn, über Fruchtwechsel und Fruchtfolge gelesen und die Tipps dort beherzigt habt, dann ist das schon die halbe Miete. Denn Pflanzen, die so angebaut werden, sind stark und gesund – und das schützt sie schon mal gut.

Um die Abwehrkräfte eurer Pflanzen zu stärken könnt ihr außerdem vollbiologische Brennnesseljauche herstellen, mit der ihr die Pflanzen besprüht oder gießt. Ihr erntet dafür Brennnesseln und gebt sie im Verhältnis 1:1 zusammen mit Wasser in eine Regentonne oder ein größeres

Brennnesseln satt: Ich habe in einer Ecke des Gartens eine richtige kleine »Brennnesselfarm« – für die Brennnesseljauche und auch weil einige Schmetterlinge nur auf diesen Pflanzen ihre Eier ablegen. Von wegen Unkraut!

Zerstoßene rohe Eierschalen helfen gegen Schnecken – und der Boden profitiert gleich mit, weil sie viele Mineralstoffe enthalten.

Gefäß mit Deckel. Drückt die Brennnesseln ruhig ein bisschen in dem Gefäß zusammen, sonst wird der Wasseranteil zu hoch. Jetzt einen Deckel drauf und das Ganze etwa zwei Wochen ziehen lassen – dabei gelegentlich umrühren. Ergebnis: eine eklig stinkende Brühe, bei der ich als Schädling auch freiwillig Reißaus nehmen würde.

Diese Brühe mischt ihr nun im Verhältnis 1:20 (für jüngere Pflanzen, Schwach- und Mittelzehrer) oder 1:10 (für ältere Pflanzen und Starkzehrer) mit frischem Wasser. Das Gemisch füllt ihr in eine große Sprühflasche, die ihr im Garten- und Baumarkt bekommt, und besprüht dann eure Pflanzen damit. Bei Tomaten und Gurken könnt ihr den Sud auch zum Gießwasser kippen, da hier ja die Blätter nicht nass werden sollen.

Weil Brennnesseljauche auch eine düngende Wirkung hat, müsst ihr etwas aufpassen. Denkt daran, dass Pflanzen von zu viel Düngung überfordert sein können, und arbeitet daher unten nicht auch noch gleichzeitig Kompost ein, wenn ihr von oben Jauche aufsprüht.

DAS HILFT GEGEN SCHNECKEN

Gegen die Schnecken im Beet hilft am besten ein Schneckenzaun (siehe Seite 24). Vollbiologisch gelingt die Schneckenbekämpfung zum Beispiel aber auch, indem ihr Eierschalen (eurer Hühner) zerkleinert und um die Pflanzen herumstreut. Schnecken mögen die scharfkantigen Schalenstückchen nämlich gar nicht und lassen euer Gemüse deshalb wahrscheinlich in Ruhe.

Ansonsten bleibt euch nur, die Schnecken abends, wenn sie aus ihren feucht-warmen Verstecken herauskriechen, einzusammeln und meilenweit entfernt im Wald wieder auszusetzen. Stellt auf keinen Fall eine Bierfalle auf. Sie lockt alle Schnecken aus der gesamten Nachbarschaft erst recht auf euer Grundstück. Falls eure Nachbarn Gemüse anbauen, werden zumindest sie sich darüber freuen. Denn sie haben dann eine Sorge weniger. Eure Freude wird sich dagegen in Grenzen halten.

Gefährlich für die Ernte sind übrigens hauptsächlich die Nacktschnecken. Solltet ihr Weinbergschnecken oder Tigerschnecken (Großer Schnegel) im Garten oder gar im Beet finden, lasst sie auf jeden Fall, wo sie sind. Denn sie haben auf der Suche nach Futter auch die Eier der Nacktschnecken auf dem Kieker und helfen so mit, der Plage den Garaus zu machen.

Eine andere Möglichkeit ist es, im Internet zu schauen, ob man in eurer Nähe Laufenten ausleihen kann. Das ist kein Scherz! Es gibt wirklich Leute, die diese Tiere zur Schneckenbekämpfung vermieten. Eine Win-win-Situation: Die Laufenten haben ein ordentliches Festmahl und ihr seid die Schnecken los.

RAUPEN

Auch gegen Raupen im Salat gibt es vorbeugende Maßnahmen. Ich habe gute Erfahrungen damit gemacht, die Saatreihen mit einem Netztunnel zu schützen. Die Insekten, die die Eier in euren Salat legen, aus denen die Raupen schlüpfen, kommen so gar nicht erst an das Gemüse heran. Und da es diese Netztunnel auch in Schwarz gibt, sieht das Ganze sogar stylish aus.

Da es im Garten eine Vielzahl von Schädlingen gibt, kann ich hier nicht auf jeden einzelnen davon eingehen. Aber ich versichere euch: Ich habe noch kein Pestizid eingesetzt, um sie zu vertreiben. Es geht auch ohne. Erkundigt euch bei einem speziellen Befall im Gartenfachhandel oder im Internet nach biologischen Möglichkeiten der Schädlingsbekämpfung.

Und wenn euer Gemüse wirklich mal so sehr von Schädlingen befallen sein sollte, dass euch der Appetit vergeht, dann habt ihr immer noch den Komposthaufen, der sich über die Pflanzenreste freut. Oder noch besser: Ihr habt Hühner. Die wissen die Extra-Fleischeinlagen nämlich durchaus zu schätzen.

Aber dazu gleich mehr – im nächsten Teil dieses Buches, in dem es um meine Hühner geht. Zunächst möchte ich euch noch schnell etwas über den Winter im Garten erzählen – und darüber, wie sich ein echter Experte darauf vorbereitet.

Bei diesem Kohlrabi haben die Raupen des Kohlweißlings zugeschlagen.

WENN ES WINTER WIRD IM GARTEN – DAS ENDE DER ERSTEN SAISON

Ich stelle mir an dieser Stelle vor, dass ihr eure erste Saison als Selbstversorger und Gemüsefarmer gerade erfolgreich hinter euch gebracht habt. Dass ihr glücklich seid und stolz auf alles, was ihr gelernt und geleistet habt. Vermutlich seid ihr braun gebrannter als in den Jahren zuvor und habt nicht mehr ganz so gepflegte Fingernägel, dafür aber einen wesentlich geringeren Stresslevel als in anderen Jahren zu dieser Zeit. Weil ihr gemerkt habt, wie glücklich die Arbeit im Garten, das Säen, Ernten und Genießen machen.

Jetzt steht ihr also im (späten) Herbst mit all diesen Gefühlen vor eurem Beet und fragt euch: »Was nun?« Tja, ihr habt zwei Möglichkeiten: Entweder ihr räumt die Beete ab, das heißt, ihr entfernt alle Ernte- und Pflanzenreste, jätet noch mal ordentlich, hebt etwas Kompost oder Pferdemist als Vorbereitung für die nächste Saison unter und erfreut euch des ordentlichen, aufgeräumten Anblicks. Oder ihr macht es wie Wolf-Dieter Storl, der ein absoluter Experte in Sachen Selbstversorgung ist, und lasst einfach alles so, wie es ist. Ihr hebt maximal Kompost unter und gebt der Natur ansonsten freien Lauf: Die Ernte- und Pflanzenreste auf dem Beet verrotten und dürfen an Ort und Stelle zu Humus werden. Natürlich nur dort, wo ihr nicht noch etwas für die Winterernte säen wollt. Denn Feldsalat, Spinat und Kohl wachsen auch noch, wenn es kalt geworden ist im Garten.

Ich selbst habe im ersten Jahr keine Wintergemüse gepflanzt. Ich habe die Vorräte gegessen, die ich mir im Sommer angelegt habe und mich ansonsten einfach nur über den Erfolg des ersten Gartenjahres gefreut.

Wie ihr das Gemüse so lagert, dass es möglichst lange haltbar ist, oder wie ihr es einkochen könnt, erfahrt ihr übrigens ab Seite 180 im dritten Teil dieses Buches, wenn es um das Genießen geht. Aber jetzt nehme ich euch noch kurz mit – in den Garten des Gemüseprofis Wolf-Dieter Storl.

Ein paar Möhren sind bei mir den Winter über im Beet geblieben. Ihr werdet es nicht glauben, aber sie haben im Frühjahr noch geschmeckt.

DIE WELT DER EXPERTEN: ZU BESUCH BEI WOLF-DIETER STORL IM ALLGÄU

Der Besuch bei Wolf-Dieter Storl begann mit einer Vollbremsung. »Wenn links der Bauernhof mit den Solarmodulen auf dem Dach kommt und gegenüber zwei Briefkästen stehen, dann in den Schotterweg rechts abbiegen«, hatte Storl mir den Weg zu seinem Bergbauernhof im Allgäu beschrieben. Die kamen aber auch unvermittelt, die beiden Briefkästen! Zu diesem Zeitpunkt wusste ich noch nicht, dass die Vollbremsung auf der Landstraße nur ein Vorgeschmack auf das war, was ich an diesem Tag im Garten und Leben des Wolf-Dieter Storl erleben sollte: Entschleunigung! Und zwar radikal.

2,5 Kilometer führte mich der Schotterweg in ständigen Kurven immer weiter hoch auf den Berg im Allgäu. Und als ich schon fast 1000 Höhenmeter erreicht hatte, sah ich ihn: den Bergbauernhof des Mannes, der mich damals in der Talkshow »3nach9« so inspiriert hatte. Wolf-Dieter Storl erwartete mich schon vor seinem Hof und stellte mich zunächst seiner wunderbaren Frau vor: »Bevor ich Ihnen den Garten zeige, trinken wir erst mal einen Kaffee.« Und schon waren wir drin in seinem Zuhause, das auf mich wirkte wie aus einer anderen Zeit. Durch eine dunkle, kühle Diele mit recht niedrigen Decken ging es in die Küche, in der bereits ein großer Holztisch gedeckt war. Mollig warm war es, weil im Küchenofen, mit dem hier noch gekocht wurde, ein Feuer brannte. »Das ist auch unsere Heizung«, erklärte mir Storl. »Die einzige, die wir haben und brauchen. Denn sie macht das ganze Haus warm, bis hoch unters Dach.« Ich erfuhr, dass das Haus bereits um 1640 im Dreißigjährigen Krieg erbaut worden war und dass es schon viel erlebt hatte: Ein Kloster war hier ursprünglich einmal untergebracht gewesen, frühere Bewohner hatten auf dem Hof Käse hergestellt. Einige Bauern hatten sich erfolglos mit Getreideanbau in dieser kargen Höhe versucht und jetzt lebte Wolf-Dieter Storl, Deutschlands bekanntester Ethnobotaniker hier – mit seiner Frau, die mich mit einem liebenswerten amerikanischen Akzent überraschte. »Meine Frau und ich kamen gerade aus Indien, als der Hof uns fand«, erklärte Storl. »Wir waren auf einem privaten Fest in Norddeutschland, als ein Gast, ein bekannter Kunstmaler, mich plötzlich ansah und eine Inspiration hatte: ›Ich weiß, wo ihr in Zukunft wohnen werdet.‹ Und so kamen wir zu diesem Bergbauernhof. Aber jetzt zeige ich Ihnen endlich den Garten«, sagte er und stand auf. »In drei Stunden gibt's Kürbissuppe«, rief uns seine Frau noch hinterher. »Und Apple Pie mit Sahne. Alles aus unserem Garten.« Meine Güte, dachte ich. Wenn der ganze Tag hier so wird wie die erste halbe Stunde, dann haben sich die neuen Bremsbeläge wirklich gelohnt. Und als ich dann den Garten sah mit all den Gemüsebeeten, Sträuchern, Bäumen, Kräutern und exotischen Gewächsen, wusste ich: Ich bin absolut richtig abgebogen. Auf der Landstraße vorhin genauso wie mit der Entscheidung in meinem Leben, es auch zu versuchen mit dem Selbstversorgen.

Lebensmotto als Willkommensgruß: Das Holzschild über der Haustür zu dem alten Bauernhof lässt viel erwarten.

HERR STORL, DAS IST JA UNGLAUBLICH. ES IST MITTE OKTOBER UND HIER IST IMMER NOCH ALLES GRÜN UND VOLLER GEMÜSE …

Ach, hier steht doch kaum noch etwas. Das meiste ist schon längst abgeerntet. Ich habe hier in den Beeten jetzt noch Mangold, violetten Kohlrabi, Rote Bete, Radieschen, verschiedene Kohlarten, Topinambur, Feldsalat, Spinat, Kresse und Senf. Aber einiges davon wird nichts mehr. Es ist schon zu kalt und die Früchte sind teilweise noch zu klein. Die habe ich zu spät eingesät.

ACH, DASS IHNEN DAS AUCH PASSIERT. DAS BERUHIGT MICH.

Ja, das passiert. Beim Gärtnern gibt es immer ein Zu-spät und ein Zu-früh. Wenn Sie zu früh einsäen im Frühling, dann ist das auch nicht gut. Dann sitzen die kleinen Pflanzen im Beet, frieren und dünsten Pheromone aus, die sagen: »Komm hol mich, ich fühle mich hier nicht wohl.« Und dann kommen die Schnecken und erbarmen sich.

BEI MIR KOMMEN DIE, GLAUBE ICH, AUCH WENN KEINER RUFT, DASS ER FRIERT. WAS TUN SIE GEGEN DIE SCHNECKEN?

Ich habe hier eigentlich nicht so viele Probleme mit Schnecken. Und ich habe einen Teich, in dem Kröten wohnen. Das sind meine Mitarbeiter. Nachts gehen sie auf Wanderschaft im Garten und räumen auf.

DAS IST LUSTIG. ICH HABE AUCH EINEN MITARBEITER. ER HEISST GRABOWSKI UND IST EIN MAULWURF. ESSEN IHRE KRÖTEN DIE SCHNECKEN?

Ja, teilweise. Aber die Schnecken sind ja auch wichtig für die Natur. Es sind abbauende Lebewesen. Wenn es sie nicht gäbe, würden wir in der ganzen organischen Materie, in dem ganzen Grün ersticken. Erst kommen die Schnecken, dann die

→

Kohl ist eines der wenigen Gemüse, denen kalte Temperaturen nichts ausmachen. In Storls Garten wachsen unzählige Sorten.

Insekten und zum Schluss die Pilze. Denn nach dem Aufbau braucht es immer auch den Abbau der Biomasse. Das ist ein Kreislauf von Auf- und Abbau. Das ist das Leben.

WAS TUN SIE MIT DEN BEETEN, WENN DER WINTER KOMMT? ICH SEHE HIER ÜBERALL NOCH PFLANZENRESTE AUF DEN BEETEN?

Ja, das lasse ich alles liegen. Wenn jetzt bald der Frost kommt – den ersten Schnee hatten wir ja schon –, dann wird das alles zu Mulch. Viele wollen alles schön sauber haben und räumen die Beete. Ich lasse sie so. Das ist Gründüngung. Und die ist wichtig für den Boden. Als ich herzog, war die Erde im Garten nicht sehr nahrhaft. Viele Bauern hatten sich hier oben auf dem Berg schon jahrhundertelang erfolglos versucht. Hier wuchs einfach nichts. Ich habe den Boden deshalb mit Leben angereichert. Schauen Sie mal (Storl greift ins Beet und holt eine Handvoll Erde hinaus): Dieser Boden ist perfekt für die Pflanzen. So muss er aussehen und so muss er riechen. Ich habe Humus eingearbeitet und Kompost. Guter Boden ist immer auch ein Kulturprodukt, ein Zusammenwirken aus Natur und gärtnerischem Fleiß. Und man muss beim Gärtnern mit allen Sinnen arbeiten. Ich »errieche« den Boden. Und ich rieche, was ihm fehlt.

BEREITEN SIE DEN BODEN IM FRÜHJAHR DANN TROTZDEM NOCH MAL VOR? DÜNGEN SIE VOR DER PFLANZUNG?

Ja. Ich arbeite Kompost ins ganze Beet ein oder gebe ihn den jeweiligen Pflanzen. Dann kann man gezielter düngen: Starkzehrer wie Kohl, Zucchini und Mangold bekommen viel, weil sie viel Stickstoff brauchen. Salat braucht wenig. Das hat man im Sinn. Und dann achte ich auf den Fruchtwechsel: Nicht immer das gleiche Gemüse am selben Ort pflanzen.

GRABEN SIE UM? ODER GEHÖREN SIE ZU DENEN, DIE DIE ORGANISMEN IN DEN UNTERSCHIEDLICHEN SCHICHTEN NICHT DURCHEINANDERWIRBELN WOLLEN?

Ich grabe um. Die Organismen sind zwar geschichtet, aber die sind so lebendig. Die vermehren sich wieder.

WANN ENDET DIE GARTENSAISON?

Also hier im offiziellen Garten, dem Garten mit Zuchtgemüse, endet die Saison eigentlich mit dem ersten Schnee, der liegen bleibt. Wir pflanzen deshalb im Herbst nur noch Grünkohl. Der kann Frost vertragen. Rosenkohl geht auch, den kann man noch im Schnee ernten. Und Lauch – bei euch im Norden heißt das Porree –, den haben wir dann auch noch zum Ernten im Beet. Der Rest funktioniert nicht, weil wir hier wirklich viel Schnee haben. Vor zwei Jahren lag er zwei Meter hoch. Und der Winter dauert hier auch länger als im Tal. Unten ist immer schon alles grün und bei uns oben ist es noch weiß.

UND INNERHALB DER SAISON? WIE OFT JÄTEN UND HARKEN SIE? ES SIEHT SO AUS, ALS LIESSEN SIE HIER DER NATUR FAST FREIEN LAUF …

Umso weniger man tut, umso besser. Natürlich muss man Unkraut jäten, damit die Kulturgewächse nicht unterdrückt werden. Aber einige Unkräuter sind auch gut. Sie lockern den Boden. Auch beim Harken wird der Boden belüftet und das ist wichtig. Die Blätter haben ihre Atmungsorgane auf den Unterseiten der Blätter und nehmen das Kohlendioxid dann direkt auf. Sie bilden ja ihre Biomasse daraus.

Am Geruch erkennen, was dem Boden fehlt: Dazu braucht es ganz sicher jahrzehntelange Erfahrung. So weit bin ich noch lange nicht.

Während wir durch den Garten schlendern und ich viel über die Zuchtgemüse erfahre, die mein Gartenidol hier in etlichen 1,20 Meter breiten Beeten anbaut, fallen mir die Blumen auf, die zwischen die Beete gepflanzt sind. Storl erklärt mir, dass er viel Wert darauf legt, auch hochwertiges Bienenfutter im Garten zu haben. Weil es sonst eben nicht funktioniert mit dem Blühen und Befruchten. Alles ist ein Kreislauf in diesem Garten. Und auch wenn ich eher ein rationaler Mensch bin: Dass man hier im Einklang mit der Natur ist, das spüre sogar ich. Und das ist auch das Grundprinzip in Storls Gartenwelt: Als Kulturanthropologe und Ethnobotaniker beschäftigt er sich nicht nur mit den Techniken des Säens und Pflanzens, sondern auch mit dem ganzheitlichen Weltbild dahinter. Viele Jahre lehrte er an verschiedenen Universitäten, lebte mit seiner Frau in Indien, studierte in den abgelegenen Regionen der Welt Naturvölker und ihre Traditionen. »Schamane« wird er manchmal genannt. Kräuterkundler. Einer der großen Wissenden in Sachen Pflanzen und Pflanzenmythologie.

Der idyllische Bergbauernhof im Allgäu flog Wolf-Dieter Storl und seiner Frau zufällig zu. Hier konnten sie ihren Traum verwirklichen.

→

HERR STORL, WAS MACHT DAS GÄRTNERN MIT EINEM MENSCHEN WIE IHNEN? WAS SPÜREN SIE BEI DER ARBEIT HIER?

Für mich ist Gärtnern eigentlich Meditation. Man merkt es nicht, dass man meditiert, aber man tut es. Deshalb macht es so glücklich. Die Seele gleitet hinein in die Pflanzen, sie fließt. Und das ist das Heilsame beim Gärtnern.

ICH GLAUBE, ICH WEISS, WAS SIE MEINEN. ICH KOMME AUCH SEHR ZU MIR, WENN ICH IM GARTEN ARBEITE. ICH VERGESSE DANN MEINE SORGEN UND MANCHMAL SOGAR MEINE TERMINE. MEINEN SIE, ES GEHT ALLEN SO ODER MUSS MAN DA AUCH EIN WENIG OFFEN FÜR SEIN?

Im Schwarzwald habe ich 15 Jahre lang Baummeditationen gemacht, mit den unterschiedlichsten Menschen. Ich habe am Anfang immer nur gesagt: »Macht euch leer, macht euren Kopf frei und versucht aufzunehmen.« Am besten konnten das die ganz normalen Geschäftsleute umsetzen. Die Esoteriker konnten es am wenigsten, weil sie den Kopf schon voll hatten mit Ideen über Metaphysik, und das hat sie blockiert. Sie konnten nichts aufnehmen. Beim Gärtnern ist es ähnlich. Wenn man bereit ist, sich einzulassen, dann übernimmt der Bauch und der Kopf hat eine angenehme Pause.

ALSO IST GÄRTNERN GRUNDSÄTZLICH GUT FÜR DIE SEELE?

Ja, denn im Garten spürt man die Seele der Pflanzen. Wissen Sie, es ist so: Bei uns Menschen bilden Körper und Seele eine Einheit. Wir sind »beseelt«. Pflanzen aber haben ihre Seele um sich herum. Sie sind »umseelt«. Wenn Menschen Nahtoderfahrungen haben und über ihrem Körper schweben, dann kommen sie in den gleichen Zustand: Ihre Seele hat den Körper dann verlassen. Was für uns ein außergewöhnlicher Zustand ist, ist für Pflanzen der Normalzustand. Und wenn sie dann blühen, berühren sie ihre Seele. Und das ist es, was uns dann wiederum berührt. Weil sie uns in dem Moment ähnlich sind. Gartenzwerge sind übrigens Ausdruck dieser Beseelung des Gartens.

Gartenzwerge: Was für viele reiner Kitsch ist, ist für Wolf-Dieter Storl ein Zeichen für die innige Verbindung mit der Natur.

ACH TATSÄCHLICH? ICH DACHTE IMMER, DAS SEI NUR EIN SPIESSIGES ACCESSOIRE? DAS HAT EINE METAPHYSISCHE BEDEUTUNG?

Ja, in vielen Naturvölkern gibt es den Glauben an Zwerge. Bei den Indianern im Amazonas haben sie zum Beispiel Irokesenfrisuren und die Hellsichtigen sehen sie dann auch so. Ein Gärtner muss ein gutes Verhältnis zu den Zwergen haben. Denn sie sind eine Sichtbarmachung und Würdigung der Beseelung. Es ist nicht alles nur Molekül und Stoff. Aber das versteht nicht jeder. Wenn ich mit meinem Schwager darüber rede – er ist Psychologe an der Uni –, dann sagt er immer: »Du gehörst in die Psychiatrie, das ist nicht mehr normal.« Aber ich bin sicher: Wir brauchen die Verbindung zur Natur.

Noch im späten Herbst, wo kaum mehr etwas wächst, ahnt man, was für eine Pracht diese Beete im Sommer sein müssen.

Wir gehen weiter durch den Garten, vorbei an den Gartenzwergen aus Ton, die hier und da im Beet stehen, und vorbei an dem kleinen Teich, in dem die Kröten wohnen und Schilf wächst. »Das können Sie alles essen«, erklärt Wolf-Dieter Storl und zeigt auf das Schilf. »Das ist Kolbenschilf. Die Wurzeln können Sie essen und die Kolben kann man ausschütteln, um den Blütenstaub dann im Brot zu backen. Und die Èntengrütze, das da oben auf dem Wasser schwimmt, das können Sie absieben und eine Suppe daraus machen. Ich bin als Nachkriegskind in der russischen Besatzungszone aufgewachsen. Wir haben gehungert. Und seitdem frage ich mich immer, was kann ich alles essen von den Dingen, die mich umgeben.«

Auch wenn ich zugeben muss, dass ich ihm bei den Zwergen nicht ganz folgen konnte, beeindruckt mich Wolf-Dieter Storl immer mehr. Man spürt, dass er in diesem Garten ganz bei sich ist. Und wie viel Wissen der Mann hat. Immer wieder bleibt er stehen und erzählt mir über die Tradition und Herkunft der Pflanzen, die er teilweise auch aus anderen Regionen der Welt mitgebracht hat. Und ich erfahre viel über die heilende Wirkung der Kräuter, die hier wachsen. So probieren wir zum Beispiel die Blüten des Hirschkolbensumach, ein majestätischer Baum am Rande des Storl'schen Gartens, die nach Essig und Zitrone schmecken und sich laut Storl wunderbar als Mittel gegen Zahnfleischentzündungen und zur Versorgung kleiner Wunden eignen. Storl erzählt mir auch, dass das Eisenkraut, das bei ihm üppig wächst, schon von den Druiden zu Kränzen geflochten wurde, um böse Flüche abzuwehren. »Können Sie ja mal ausprobieren, wenn Sie eine Steuerprüfung haben«, empfiehlt er und lacht. Ich lache mit und denke, dass das genau das ist, was Storl so faszinierend macht: Auf der einen Seite ist da dieses große Wissen über Pflanzen, auf der anderen Seite der Hang zum Metaphysischen – und beides ist gepaart mit unglaublich viel mitreißender Lebenslust und gutem Humor.

WELCHES VON DEN KRÄUTERN HAT IHNEN GESUNDHEITLICH BISHER AM MEISTEN HELFEN KÖNNEN?

Die Goldrute. Man kann ihre Blüten trocknen und dann als Tee aufgießen. Ich hatte eine chronische Nierenentzündung und die habe ich damit geheilt. Eine akute Nierenentzündung kriegen Sie damit in drei Tagen weg.

→

HERR STORL, ICH DACHTE, ICH KÖNNTE MIT DIESEM METAPHYSISCHEN ANSATZ NICHT SO VIEL ANFANGEN ALS RATIONALER STEINBOCK. ABER JETZT BIN ICH DOCH INTERESSIERT: KÖNNEN SIE MIR DAS MIT DEN MONDPHASEN NOCH MAL ERKLÄREN?

Es ist ganz einfach: Alle Planeten haben Einfluss auf uns und unsere Natur, die Sonne hat den meisten. Das sehen wir an den Blüten, die sich aufgrund von Sonneneinstrahlung öffnen und schließen. Wir sehen es an den Sonnenblumen, die ihre Hälse nach ihr drehen. Aber auch der Mond hat Einfluss: Gegen Vollmond keimen die Samen besser, also ist es gut, kurz vor Vollmond auszusäen. Bei Neumond haben sich die Lebenskräfte dann wieder zurückgezogen. Und das merkt man an der Saat.

DAS HEISST, MAN BRAUCHT IMMER EINEN MONDKALENDER, WENN MAN IM GARTEN SO EINEN ERFOLG HABEN WILL WIE SIE?

Ach was, ich arbeite auch nicht nach Kalender. Ich bin ja viel unterwegs – zu Vorträgen und Seminaren. Aber wenn ich manchmal nachträglich in den Kalender schaue, dann sehe ich, dass ich intuitiv vieles richtig gemacht habe. Das sind Resonanzen, die wir mental nicht verstehen können. Aber wir alle waren eben Millionen von Jahren mit der Natur sehr verbunden. In Mitteleuropa sind wir erst seit 7000 Jahren sesshaft. Das liegt uns allen noch im Instinkt.

Die Kiwibeeren schmecken süß und aromatisch – und müssen anders als ihre großen Verwandten nicht um die halbe Welt verschifft werden.

WENN WIR UNSEREM BAUCHGEFÜHL FOLGEN, MACHEN WIR INTUITIV ALLES RICHTIG?

Sie kennen doch bestimmt das Sprichwort: »Die dümmsten Bauern haben die dicksten Kartoffeln.« Das sagt nicht anderes, als dass diejenigen, die beim Gärtnern wenig Kopf und viel Bauch haben und ihre Intuition walten lassen, gut beraten sind.

HERR STORL, EINEN TIPP MÖCHTE ICH JETZT NOCH FÜR DIE KOMMENDEN WINTERMONATE. WAS KANN ICH AUSSER DEM KLASSISCHEN WINTERGEMÜSE NOCH IN MEINEM GARTEN PFLANZEN?

Versuchen Sie mal die sibirische Kiwi. Das ist ein Kletterstrauch, der jetzt im Herbst noch Früchte trägt: Kiwibeeren, die auch wirklich so schmecken wie die großen Verwandten. Sehr Vitamin-C-haltig. Perfekt für die anstehende Erkältungszeit. Diese Pflanze hält Temperaturen bis zu minus 30 °C aus und trägt trotzdem fleißig Früchte. Jedes Jahr aufs Neue und immer dann, wenn Himbeeren und Brombeeren schon durch sind. Sie brauchen aber einen weiblichen und einen männlichen Baum. Zum Befruchten. Sonst wird das nichts mit den Früchten. Auch das ist Natur.

HERR STORL, DIESE KIWI WERDE ICH AUF JEDEN FALL AUSPROBIEREN. DAS WAR SO EIN SCHÖNER TAG BEI IHNEN AUF DEM HOF. ICH DANKE IHNEN, DASS SIE MIR IHRE WELT GEÖFFNET HABEN.

Wolf-Dieter Storl lebt mit und von der Natur. In seinem Garten habe ich Dinge erfahren, von denen ich sonst wohl nie etwas gehört hätte.

EIN GARTEN MIT HÜHNERN

Ihr werdet es lieben! Ich bin so sicher! Denn nichts ist schöner, als morgens durch den Garten zu gehen, von glücklichen Hühnern fröhlich begrüßt und direkt belohnt zu werden – mit einem Ei, das im Legenest auf euch wartet und das so frisch ist, dass ihr manchmal noch die Körperwärme des Huhns spüren könnt, wenn ihr es aus dem Nest nehmt. Ein Ei, das durch und durch bio ist und von dem ihr ganz genau wisst, dass es von einem glücklichen und gesunden Huhn stammt. Von einem Tier, das mit reichhaltigem und vielseitigem Futter ernährt wurde und das bei euch einfach ein richtig schönes Leben hat. Ein Genießer-Ei. Ich mochte Eier schon immer gern – in unterschiedlichster Zubereitung: zum Frühstück als Omelett, hart gekocht im Salat oder als Zutat im Kuchen. Aber noch nie zuvor habe ich Eier so genossen wie heute. Ihr werdet überrascht sein, wie wenig ihr für diesen Luxus tun müsst. Wie genügsam und pflegeleicht Hühner sind. Wie wenig Zeit ihr für sie aufwenden müsst – wobei wahrscheinlich viel freiwillige Zeit dazukommt. Denn ihr werdet eure Hühner schnell ins Herz schließen. Man kann gar nicht anders: Wenn man sich nur ein bisschen auf sie einlässt, erkennt man sehr schnell, was für liebenswerte Tiere und wunderbare Freunde diese gackernden Vögel sind. Eure Hühner werden euch schnell von anderen Menschen unterscheiden können. Sie werden euch ihr Vertrauen schenken und manche von ihnen werden sogar richtig zutraulich – so wie »Schatzi«, die sich bereits nach wenigen Tagen von mir streicheln ließ, mir aus der Hand fraß und mir auf den Schoß sprang. Dass »Schatzi« sich schon nach vier Wochen bei mir im Garten so wohlfühlte, dass sie sogar anfing zu brüten, war nicht nur ein Vertrauensbeweis, sondern ein kleines Wunder, wie ich mittlerweile weiß. Und die Welt der Hühner ist voller Wunder. Ich erzähle euch darüber, wenn ihr wollt. Jetzt.

Früher waren mir Hühner eher suspekt, heute finde ich sie einfach großartig!

AUFS HUHN GEKOMMEN

Zuerst einmal will ich ehrlich sein: Ich mochte Hühner früher nicht besonders. Ihre Eier und ihr Fleisch schon, aber die Tiere an sich waren mir irgendwie suspekt. Ich fand sie hektisch und konnte ihr Flattern nicht einschätzen. Ich würde jetzt nicht sagen, dass ich Angst vor ihnen hatte, aber so richtig sympathisch waren sie mir nicht.

Im Grunde bin ich durch eine Immobilienanzeige zu den Hühnern gekommen. Denn als ich meinen Traum vom Landleben wahrmachen wollte und ein kleines Fachwerkhäuschen am Stadtrand von Hamburg besichtigte, stand da ein Hühnerstall im Garten. »Ach, Sie haben hier auch Hühner?«, fragte ich etwas verwundert. »Ja, und es wäre toll, wenn Sie die übernehmen könnten«, antworteten die Verkäufer. »Es sind drei alte Hühnerdamen, die wir auf ihre alten Tage eigentlich weder trennen noch irgendwo anders hingeben wollen.« Ich erinnere mich noch, wie nur ein »Aha« aus mir rauskam. Denn obwohl ich sehr tierlieb bin: über eigene Hühner hatte ich zu dem Zeitpunkt nicht mal ansatzweise nachgedacht in meinem bisherigen Leben. Warum auch?

Ich fragte daher etwas verunsichert: »Wie viel Aufwand ist das denn? Ich bin berufstätig.« Und die Vorbesitzer antworteten nur: »Gar kein Problem. Die laufen so mit.« Damit beließ ich es. Und setzte das auf die Negativseite der Pro-und-Contra-Liste, die ich für meinen Hausbesichtigungs-Marathon angelegt hatte: »Hier muss man drei alte Hühner übernehmen.«

Am Ende zahlreicher Besichtigungen gab es viele negative Eintragungen in der Liste, aber bei dem Fachwerkhaus am Naturschutzgebiet nur diesen einen. Und ich dachte mir: Na ja, dann mache ich das eben mit den Hühnern.

Ich kaufte mir Bücher zu dem Thema (ihr wisst ja schon aus dem Gemüseanbau-Teil, dass es bei mir immer damit beginnt) und begann viel zu lesen. Über Hühner, über artgerechte Hühnerhaltung, über die Evolutionsgeschichte dieses Tieres etc. Und je mehr ich las, desto mehr Lust bekam ich darauf, mich mit den drei alten Damen anzufreunden.

Wenige Monate später war die Schlüsselübergabe. Meine Güte, war ich euphorisch: Mein Traum vom Landleben sollte endlich wahr werden. Wieder ging ich mit der Verkäuferin und der Maklerin durch den Garten. Dieses Mal lief ich auch freudestrahlend auf den Hühnerstall zu – nur sah ich gar keine Tiere. »Wo sind denn die Hühner?«, fragte ich. »Die sind alle weg!«, sagte die Vorbesitzerin: »Zwei sind an Altersschwäche gestorben und das dritte haben wir einem befreundeten Bauern gegeben, damit es hier nicht allein ist.« Ups. Das war plötzlich keine gute Nachricht mehr. Irgendwie hatte ich mich jetzt auf die Damen gefreut. »Ah, okay. Ja, das ist ja schade«, stammelte ich enttäuscht. Und die Vorbesitzer antworteten überrascht: »Wir dachten, Sie sind erleichtert, dass sie weg sind. So richtig begeistert schienen Sie nicht zu sein.«

Meine Skepsis hatte sich offenbar vermittelt. Konnten die ja nicht wissen, dass sie sich mittlerweile in Vorfreude gewandelt hatte. Ich kaufte das Haus trotzdem und nahm mir fest vor, nach den Renovierungsarbeiten auch das Projekt Huhn in Angriff zu nehmen. Wenn sowieso schon ein Stall da war, dachte ich, dann können da auch wieder Hühner einziehen.

Was soll ich sagen? Knapp drei Jahre später ist aus dem kleinen Hühnergehege ein ganzes Geflügelareal geworden – mit 15 Hühnern, reichlich Nachwuchs und erweitertem Stall. Von diesem Buch mal ganz zu schweigen. Das ist übrigens die einzige Gefahr, die von Hühnerhaltung im eigenen Garten ausgeht: Man beginnt schnell, es wirklich zu lieben.

Aus den fünf geplanten Hühnern sind 15 geworden.

WAS IHR BRAUCHT, WENN IHR HÜHNER HABEN MÖCHTET

Wenn ihr damit liebäugelt, es nicht nur mit dem Gemüseanbau, sondern auch mit eigenen Hühnern im Garten zu versuchen, dann kann ich euch nur sagen: Ihr werdet es keine einzige Sekunde lang bereuen. Trotzdem werdet ihr euch wahrscheinlich erst mal fragen, ob euer Garten groß genug dafür ist, was die Hühner mit eurem Rasen anstellen werden und ob ihr überhaupt genug Zeit habt, euch um eure gefiederten Mitbewohner zu kümmern. Ich weiß das, weil es bei mir genauso war. Und ich beantworte diese Fragen gern aus eigener Erfahrung:

Hühner sind genügsam. Wenn ihr im Garten fünf bis zehn Quadratmeter pro Tier zur Verfügung habt, sind sie vollkommen glücklich.

Zu den täglichen Arbeiten gehört es, die Futter- und Wasserspender aufzufüllen – eine Sache von wenigen Minuten.

Wie viel Platz brauchen Hühner? Glückliche Hühner brauchen einen Stall zum Schlafen und eine Auslauffläche, in der sie nach Futter scharren und sandbaden können. Legehennen, die in der industriellen Eier- oder Fleischproduktion leben müssen, haben in etwa so viel Platz, wie anderthalb aneinandergelegte Din-A4-Blätter groß sind. Könnt ihr einem Huhn also nur etwas mehr bieten als das, betreibt ihr im Grunde genommen schon Tierschutz.

Aber was ist wirklich artgerecht? In der Hobby-Hühnerhaltung gilt die Faustregel: Ein Quadratmeter Stall für zwei bis drei Hühner und dazu noch fünf bis zehn Quadratmeter Auslauf pro Huhn. Das ist auf einem kleinen Stadtbalkon natürlich nicht zu realisieren, aber in einem kleinen Garten schon. Ihr müsst diesen Bereich auch gar nicht »abschreiben«, nach dem Motto: Dann FEHLT der in unserem Garten. Ihr werdet die Hühner sehr schnell so lieb gewinnen, dass ihr mit ihnen leben wollt und euren Platz gern teilt.

Was passiert mit dem Rasen, wenn ich Hühner habe? Hier haben wir tatsächlich ein kleines Problem. Denn Hühner wollen scharren. Sie kratzen mit ihren Füßen am Boden herum, um Würmer und andere Insekten zu finden – und sie tun das viele Stunden am Tag. Wenn ihr ihnen also ausschließlich Rasenfläche zur Verfügung stellt, werden sie zumindest einen Teil davon in einen Sandplatz verwandeln. Ich habe allerdings die Erfahrung gemacht, dass Hühner den Rasen irgendwann in Ruhe lassen, wenn man ihnen von Anfang an auch eine Fläche zum Sandbaden anbietet. Planung ist hier alles. Und wenn ihr euch Sorgen um die Optik macht: Man kann auch eine Sandfläche hübsch gestalten.

Wie viel Zeit muss ich investieren? Wenn ihr es schafft, jeden Tag nur fünf Minuten eurer Zeit zu opfern, dann habt ihr genug Zeit für Hühner. Sie laufen wirklich einfach so mit. Habt ihr die richtige Ausstattung angeschafft, müsst ihr nur einmal am Tag die Wassertränke und den Futterspender kontrollieren und den Stall ausmisten – und das dauert alles in allem nur wenige Minuten. Meine Erfahrung sagt außerdem: Wenn ihr mal in den Urlaub fahrt, findet sich schnell jemand, der diesen Job gern übernimmt. Schließlich könnt ihr die beste Gegenleistung der Welt anbieten: legefrische Genießer-Eier direkt aus dem Nest.

Bevor ich euch noch mehr über die Hühnerhaltung im eigenen Garten erzähle, möchte ich euch mit zwölf Fakten rund ums Huhn überraschen, die zu meinen wichtigsten Learnings gehörten. Ich wusste das alles tatsächlich nicht. Und ich stelle immer wieder fest, dass die meisten anderen es auch nicht wissen.

DIE 12 WICHTIGSTEN FAKTEN RUND UMS HUHN

1. Nicht jedes Huhn schmeckt lecker. Es gibt Rassen, die legen fleißig Eier, und andere, die schnell schmackhaftes Fleisch ansetzen. Wenn ein Huhn beides bietet – Eier legen und Fleisch ansetzen –, wird es Zweinutzungshuhn genannt.

2. Wie viele Eier Hühner am Tag legen, hängt von der Rasse ab. Normal sind etwa 160 bis 230 Eier pro Jahr. Nur die überzüchteten Industriehühner schaffen deutlich mehr. Einen Hahn braucht das Huhn zum Eierlegen nicht.

3. Ein befruchtetes Ei kann bis zu zehn Tage bei Zimmertemperatur in eurer Küche aufbewahrt werden und noch immer könnte ein Küken daraus schlüpfen, wenn es einer Glucke zum Ausbrüten untergeschoben wird.

4. Es gibt je nach Rasse nicht nur unterschiedlich große, sondern auch unterschiedlich farbige Eier. Neben Weiß und Braun gibt es zum Beispiel noch Türkis, Bordeauxrot, Schokoladenfarben, Oliv und Rosa.

5. Eier sind länger haltbar, wenn sie nicht gewaschen werden, denn sie tragen von Natur aus eine Schutzschicht, die das Eindringen von Keimen verhindert. Wird sie abgewaschen, muss das Ei in den Kühlschrank.

6. Auch Tierfreunde können mit gutem Gewissen Eier essen. Denn man nimmt niemandem etwas weg: Die Henne legt ihr Ei unter allen Umständen, kommt aber nur selten auf die Idee zu brüten.

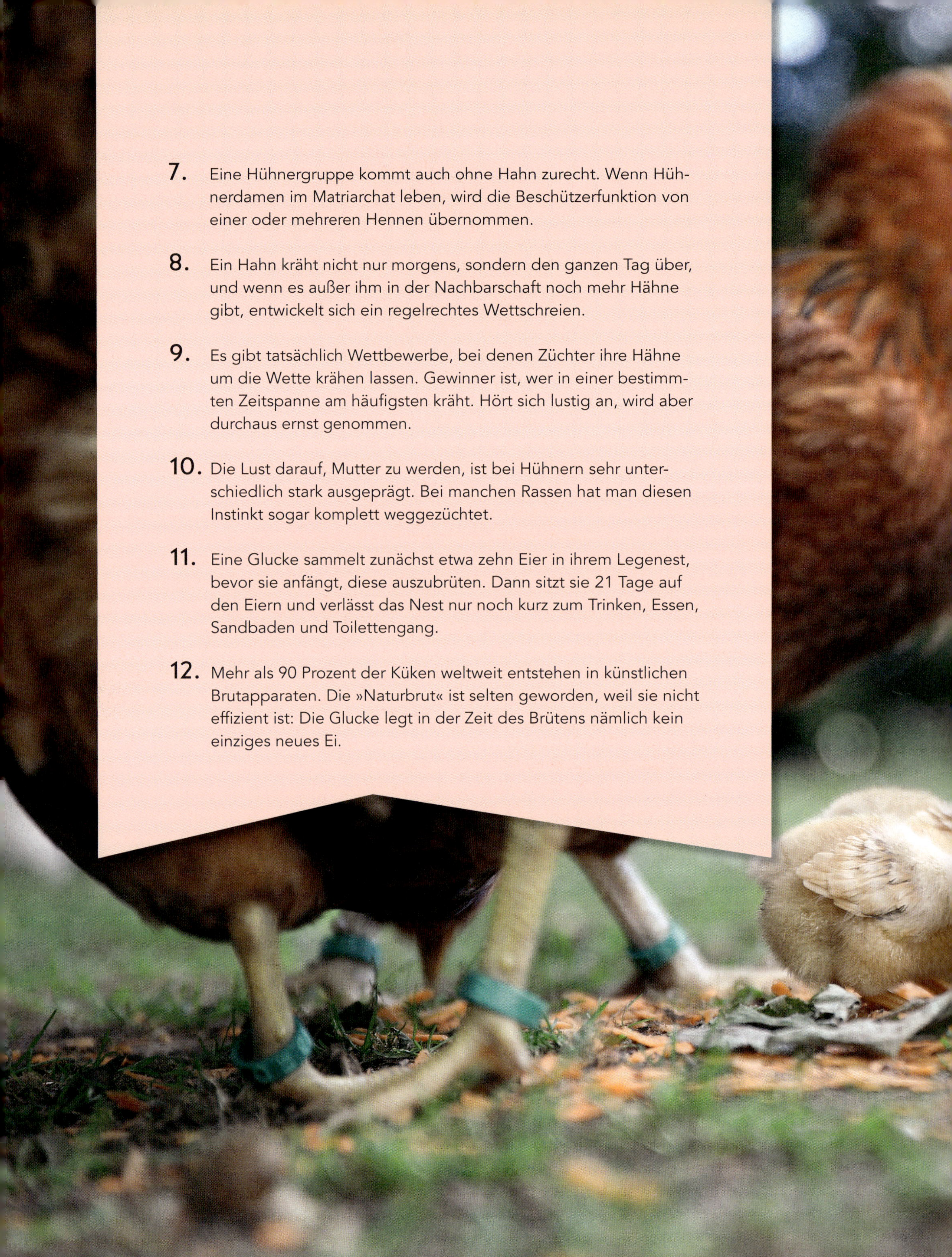

7. Eine Hühnergruppe kommt auch ohne Hahn zurecht. Wenn Hühnerdamen im Matriarchat leben, wird die Beschützerfunktion von einer oder mehreren Hennen übernommen.

8. Ein Hahn kräht nicht nur morgens, sondern den ganzen Tag über, und wenn es außer ihm in der Nachbarschaft noch mehr Hähne gibt, entwickelt sich ein regelrechtes Wettschreien.

9. Es gibt tatsächlich Wettbewerbe, bei denen Züchter ihre Hähne um die Wette krähen lassen. Gewinner ist, wer in einer bestimmten Zeitspanne am häufigsten kräht. Hört sich lustig an, wird aber durchaus ernst genommen.

10. Die Lust darauf, Mutter zu werden, ist bei Hühnern sehr unterschiedlich stark ausgeprägt. Bei manchen Rassen hat man diesen Instinkt sogar komplett weggezüchtet.

11. Eine Glucke sammelt zunächst etwa zehn Eier in ihrem Legenest, bevor sie anfängt, diese auszubrüten. Dann sitzt sie 21 Tage auf den Eiern und verlässt das Nest nur noch kurz zum Trinken, Essen, Sandbaden und Toilettengang.

12. Mehr als 90 Prozent der Küken weltweit entstehen in künstlichen Brutapparaten. Die »Naturbrut« ist selten geworden, weil sie nicht effizient ist: Die Glucke legt in der Zeit des Brütens nämlich kein einziges neues Ei.

DAS EI – EIN KLEINES WUNDERWERK

Die Anzahl der Eier, die ein Huhn im Laufe seines Lebens legen kann, ist schon bei seiner eigenen Geburt festgelegt. Die üblichen Haushuhnrassen, die sich für Anfänger und den Garten eignen, legen zwischen 160 und 230 Eiern pro Jahr.

Die Eier können sich je nach Hühnerrasse sowohl in der Größe als auch in der Farbe unterscheiden. Aus dem Supermarkt kennen wir nur weiße und braune Eier, aber die Vielfalt ist tatsächlich weitaus größer: Meine Araucana-Hennen zum Beispiel legen türkisfarbene Eier, französische Marans überraschen mit Eiern in Bordeauxrot, Barnevelder legen schokoladenfarbige Eier, die »Legbar«-Hühner olivgrüne und die Rasse »La Flèche« macht Mädchenträume wahr: Ihre Eier sind teilweise roséfarben. Geschmacklich unterscheiden sich die Eier nicht, aber wie schön ist es bitte, wenn man nicht nur an Ostern auf künstliche Eierfarben verzichten kann, sondern jeden Tag von bunten Eiern im Nest begrüßt wird? Übrigens auch ein echtes Argument, eigene Hühner zu halten, denn natürlich bunte Eier sind im Supermarkt schlichtweg nicht zu bekommen.

Womit wir zu einem recht unangenehmen Thema kommen: den Eiern aus Massentierhaltung. Die stammen nämlich auch deshalb von keiner der oben genannten Rassen, weil diese Hühner nur jeden zweiten, dritten oder vierten Tag ein Ei legen und im Winter sogar teilweise gar keins. Indiskutabel für die auf Effizienz ausgerichtete Eier-Industrie. Die Supermarkt- und Discounter-Eier kommen stattdessen von sogenannten Hybrid-Hühnern. Das sind Hennen, die nur auf ein Ziel hin gezüchtet wurden: möglichst viele Eier zu legen – fast jeden Tag eins. Dass ihr Körper damit komplett überfordert ist, zeigt sich an der Anfälligkeit der Hybrid-Hühner für Geschwüre rund um Eierstock und Eileiter.

Ein trauriges Leben, das kurz ist: Denn bereits nach zwei Jahren werden Hybrid-Hühner in der industriellen Eierproduktion in der Regel aus dem Verkehr gezogen, sprich getötet. Der Grund? Ihre Legeleistung geht dann minimal zurück, während die Gefahr von Krankheiten durch die Überzüchtung und den stark beanspruchten Legeapparat gleichzeitig drastisch ansteigt.

Je nach Rasse legen Hühner Eier in ganz unterschiedlichen Farben (Bild links) – aus dem Supermarkt kennen wir nur weiße und braune. Auch meine Dresdner produzieren in Braun (Bild unten).

WIE ENTSTEHT SO EIN EI ÜBERHAUPT?

Eine Henne verfügt nur über einen Eierstock und einen Eileiter. Doch dieser »Legeapparat« leistet in kürzester Zeit Unglaubliches. Fast alle 24 Stunden kommt es zum Eisprung. Dann löst sich eine Dotterkugel, in der die Eizelle schwimmt, aus dem Eierstock und wandert durch den Eileiter.

Völlig unabhängig davon, ob die Eizelle durch einen Hahn befruchtet wurde oder nicht, entsteht nun ein Ei. Dabei gesellt sich auf dem Weg der Dotterkugel durch den Eileiter das Eiklar hinzu, das aus kleinen Drüsen im Eileiter abgegeben wird. Weil sich die Dotterkugel auf ihrem Weg durch den Eileiter permanent dreht, wird sie also quasi mit Eiklar »umwickelt«.
Jetzt entstehen auch die Hagelschnüre, die die Dotterkugel später an der richtigen Position im Ei halten.

Eine dünne Haut kommt um das ganze Gebilde. Erst dann spritzen die Kalkdrüsen die harte Kalkschale auf das noch zart besaitete Ei. Für diese absolut perfekte Bio-Verpackung benötigt das Huhn etwa 20 Stunden. Und um das Ei tatsächlich ins Nest zu legen, braucht die Henne dann nur noch ein ruhiges Plätzchen …

KANN ICH MIT GUTEM GEWISSEN EIER ESSEN?

Wenn ihr jetzt denkt: »Und dieses kleine Wunderwerk nehme ich der Henne dann einfach weg, um es zu essen – und verhindere so nach all der Mühe ihr Mutterglück?«, dann kann ich euch beruhigen. Denn selbst wenn ein Hahn in der Nähe ist oder war, muss aus einem Ei noch lang kein Küken werden. Im Grunde sind die Chancen sogar relativ gering. Denn ein Ei braucht nicht nur einen Hahn, der es befruchtet, sondern auch eine Henne, die es bebrüten möchte. Und nicht jede Henne möchte Mutter werden.

»Wenn ihr keinen Hahn habt, dann kann auch mit der brutwütigsten Glucke der Welt kein Küken entstehen.«

Der sogenannte Bruttrieb ist bei Hühnern tatsächlich sehr unterschiedlich ausgeprägt und nur wenige Rassen sind für einen außerordentlich starken Bruttrieb bekannt. Bei vielen anderen wurde versucht, diesen Trieb möglichst wegzuzüchten. Während der Brutzeit legt eine Henne nämlich keine weiteren Eier mehr und die sind ja meist der Grund, warum ein Huhn überhaupt »gebraucht« wird. Viel effektiver ist es, die befruchteten Eier einzusammeln und in einen Kunstbrutapparat zu legen, wie es nicht nur millionenfach in der industriellen Geflügelzucht, sondern auch bei den meisten Hobbyzüchtern geschieht.

Der Vorteil dieser »Kunstbrut«: Man kann besser planen, einfach so viele Eier sammeln, wie man möchte, und dann alle zusammen in den Brutapparat geben. Wird dieser auf exakt 37,8 Grad eingestellt, schlüpfen nach ziemlich genau 21 Tagen die Küken.

Bei der Naturbrut ist das anders. Hier muss zunächst eine Glucke her – eine Henne, die in Brutlaune ist. Ihr erkennt sie am leicht aufgestellten Gefieder, einer gewissen Unruhe und vor allem an den veränderten Gackergeräuschen, die jetzt

Ich liebe Eier – und Spiegeleier und Omelette kriege auch ich hin. Praktisch, dass meine »Lieferanten« jetzt direkt im Garten wohnen.

Jeden Morgen schaue ich nach meinen Hühnern und komme mit frischen Eiern zurück. Diese hier sind türkis und stammen von den Araucana-Hennen.

eher in Richtung »Glucksen« gehen und den Müttern in spe den Namen »Glucke« eingebracht haben. Zeigt eine Henne diese Verhaltensauffälligkeiten, werdet ihr beobachten können, dass sie anfängt zu sammeln: nämlich Eier – in ihrem Legenest. Und erst wenn mehrere Eier zusammengekommen sind – auch durch die Mithilfe anderer Hennen –, setzt sich die Glucke auf das Gelege und beginnt zu brüten.

Die Tatsache, dass Hühner selbst entscheiden, ob sie brüten wollen oder nicht, macht es uns in Sachen Gewissen also einfach: Wenn eine Henne nicht in Brutlaune ist, kann man jedes ihrer Eier mit gutem Gewissen essen, weil sie damit sowieso nichts weiter gemacht hätte. Und wenn ihr das Ei nicht esst, dann essen es andere. Viele Gartenbewohner wie Igel, Ratten und Eichhörnchen freuen sich über zurückgelassene Eier. Allerdings lockt ihr so auch potenzielle Feinde ins Gehege. Und das ist keine gute Idee! Viel besser ist es also, ihr nehmt die zurückgelassenen Eier aus dem Nest und macht euch ein schönes Omelett damit. Bio-Essen für das reinste Gewissen der Welt.

NOCH EIN PAAR ZAHLEN, DATEN UND FAKTEN RUND UM UNSEREN EIERKONSUM
Laut der offiziellen Statistik des Bundesministeriums für Ernährung und Landwirtschaft isst jeder von uns in Deutschland fast 240 Eier pro Jahr. Knapp 73 Prozent davon werden auch tatsächlich im Inland produziert, der Rest muss importiert werden, um die Nachfrage zu decken.

Und wie leben die Hühner, die diese Eier legen? Bei den Eiern, die hierzulande produziert werden, kommen bisher nur knapp zwölf Prozent aus ökologischer Haltung. Die meisten Eier – rund zwei Drittel – wurden von Hühnern gelegt, die in Bodenhaltung leben. In Freilandhaltung dürfen knapp 20 Prozent der Hühner in Deutschland leben. Rund sechs Prozent müssen immer noch ein extrem beengtes Leben in Kleingruppen und Käfigen fristen.

Das waren jetzt viele Zahlen, aber merken müsst ihr euch eigentlich nur eine: 240. Das ist die Anzahl der Eier, die jeder von uns im Jahr etwa isst. Und wenn ihr bisher aufmerksam gelesen habt, dann kennt ihr bereits die Legeleistung von gesunden, nicht kaputt gezüchteten Hühnern. Je nach Rasse sind es 160 bis 230 Eier pro Jahr.

Das heißt: Mit einem einzigen Huhn könnt ihr euren Jahresbedarf an Eiern fast komplett selbst decken. Bei einer dreiköpfigen Familie reicht eine kleine Gruppe von vier glücklichen Hühnern in einem kleinen Teil eures Gartens aus, damit ihr diesbezüglich Selbstversorger seid. Und wenn ihr euch bewusst macht, was für ein kleines Wunderwerk jedes dieser Eier ist, werdet ihr es nicht nur jeden Morgen glücklich, sondern auch stolz aus dem Nest in die Küche tragen. Denn eure Hühner haben mit dem Ei Unglaubliches geleistet..

- Wir essen knapp 240 Eier pro Jahr. Ein fleißiges Huhn in eurem Garten kann also euren Bedarf schon fast decken.
- Eier müssen befruchtet sein, damit ein Küken aus ihnen schlüpfen kann. Ohne Hahn gibt es also auch keinen Hühnernachwuchs.
- Aber: Hennen »speichern« die Spermien des Hahns, sodass es noch nach drei Wochen zu einer Befruchtung der Eier kommen kann. Achtung also bei gefiederten Damen, die aus einem Bestand kommen, in dem es Hähne gab.

DIE AUSWAHL DER RICHTIGEN HÜHNER

Auf den vorherigen Seiten habt ihr bereits erfahren, dass sich Hühner je nach Rasse in ihren Eigenschaften stark unterscheiden können. Stellt euch einfach alle Hunderassen vor, die ihr kennt, und übertragt das auf Hühner. So ähnlich ist es: Es gibt die unterschiedlichsten Tiere – unterschiedlich in ihrem Aussehen, ihrem Charakter, ihren Ansprüchen und in dem, was sie uns geben können.

EINTEILUNG DER HÜHNERRASSEN

Vielleicht beginnen wir deshalb mit der wichtigsten Unterscheidung, wenn es ums Homefarming geht: Es gibt Hühner, die viele Eier legen (Legerassen), und solche, die schnell Fleisch ansetzen, das besonders gut schmeckt (Fleischrassen). Wenn ein Huhn beides bietet, dann zählt es zu den Zwiehuhnrassen – wobei eine klare Zuteilung zu diesen drei Oberbegriffen manchmal gar nicht so einfach ist.

Weltweit gibt es mehrere Hundert Geflügelrassen. Allein in Deutschland sind es etwa 200, die beim Bund deutscher Rassegeflügelzüchter e. V. (BDRG) anerkannt sind. Und diese gibt es dann auch noch in diversen »Farbschlägen«, also Gefiederfarben und -musterungen. Die Bandbreite ist groß und es sind unglaublich hübsche Exemplare dabei. Vor allem aber hat jede Hühnerrasse ganz andere typische Eigenschaften. Wer sich also eine kleine Hühnerschar für den eigenen Garten anschaffen will, hat die Qual der Wahl. Ich empfehle, auf jeden Fall auf eine robuste Haushuhnrasse zu setzen, die gut mit den Witterungsverhältnissen in unseren Breitengraden zurechtkommt. Es gibt nämlich auch Rassen, die mit unseren mitunter sehr kalten Wintern Probleme haben. Und wer möchte schon frierende Hühner im Garten haben?

Auch in ihrem Platzbedarf unterscheiden sich die Hühner teils deutlich voneinander: Es gibt zum Beispiel Rassen, die besser mit kleinen Flächen zurechtkommen als andere. Und wenn ihr auf keinen Fall eine komplett überdachte Voliere bauen möchtet oder einen hohen Zaun, sollten eure Hühner besser nicht so gut fliegen können.

Habt ihr sehr wenig Platz, könntet ihr euch eine Zwerghuhnrasse anschaffen. Diese Hühner sind deutlich kleiner als ihre »normal« großen Artgenossen und brauchen daher weniger Futter und vor allem weniger Platz. Sie legen allerdings auch kleinere Eier. Vielleicht legt ihr auch Wert darauf, dass sich eure Hühner ihr Futter fleißig selbst suchen? Oder ihr wollt auf jeden Fall Küken und braucht daher eine Rasse, deren Hennen oft in Brutlaune kommen? Wollt ihr mit den Hühnern engeren Kontakt? Dann wären zutrauliche Rassen gut geeignet. Die Auswahl ist tatsächlich groß. Aber ich habe gelernt, dass es für fast jedes Bedürfnis das passende Huhn gibt. Schreibt am besten auf, welche Eigenschaften euch wichtig sind, und sucht dann nach der passenden Rasse.

Da es in diesem Buch ums Homefarming und Selbstversorgen für Anfänger geht, stelle ich euch jetzt robuste und anfängerfreundliche Hühner vor, die friedlich bis zutraulich sind, auch im Winter Eier legen und einen wenig bis mittelstark ausgeprägten Bewegungsdrang haben – da das Platzangebot im Garten ja meistens begrenzt ist.

10 GROSSARTIGE HÜHNERRASSEN FÜR DEN SELBSTVERSORGERGARTEN

1 RAMELSLOHER

Ramelsloher sind wetterbeständige, robuste Landhühner, die auch im Winter Eier legen und sehr zahm werden können. Sie benötigen einen mittelhohen Zaun, da sie recht gut fliegen können, und einen größeren bis großen Auslauf, in dem sie sich fleißig auf Futtersuche begeben. Die Hähne dieser Rasse sind mitunter aggressiv, wer kuscheln möchte, sollte also auf eine rein weibliche Truppe setzen. Ihr könnt pro Huhn mit bis zu 170 weißen bis cremefarbenen Eiern im Jahr rechnen.

2 DRESDNER

Mit dieser Rasse fing bei mir alles an (siehe auch Seite 136–137). Dresdner sind kälteunempfindliche, anfängerfreundliche Hühner, die recht zutraulich werden können und ihre hellbraunen Eier auch im Winter legen. Pro Henne könnt ihr mit bis zu 180 pro Jahr rechnen. Dresdner können nicht besonders gut fliegen und haben einen mittleren Platzbedarf. In den Rassebeschreibungen steht, dass ihr Bruttrieb nicht besonders ausgeprägt ist. Bei mir haben jedoch drei von vier Hennen schon nach wenigen Wochen mit dem Brüten begonnen.

3 ZWERG-WYANDOTTE

Zwerg-Wyandotten gehören zu den Zwerghuhnrassen. Sie sind kleiner als »normale« Landhühner und brauchen daher weniger Futter und Platz als ihre normal großen Kollegen. Auch ihre hellbraunen Eier sind kleiner – wobei sie im Verhältnis zu ihrer Körpergröße dann doch wieder beeindruckend groß sind. Wyandotten gehören zu den Winterlegern, ihr habt also das ganze Jahr über eigene Eier – bis zu 180 Stück. Zwerg-Wyandotten fliegen ungern und werden schnell zahm. Aber Achtung: Sie lieben es zu brüten. Küken-Alarm!

4 ARAUCANA

Araucana haben eine ganz besondere Eigenschaft: Sie legen türkisfarbene bis grüne Eier – im Durchschnitt kommen sie auf etwa 180 Stück pro Jahr. Allerdings legen sie im Winter nur, wenn sie einen sehr hellen Stall haben, und auch dann geht die Legeleistung stark zurück. Araucana sind robuste und friedliche Hühner. Sie sind fleißige Futtersucher und brüten ganz gern. Euer Zaun sollte aber unbedingt etwas höher sein. Schon meine kleinen Araucana-Küken haben sich gern auf Kisten und auf die höher gelegenen Äste der Tannen gesetzt. Ich habe die Araucana-Hühner in der Farbe »Lavender« – dann sind sie grau-lila (siehe Seite 170; dort sind sie aber noch jung).

5 SUNDHEIMER

Sundheimer sind robuste Winterleger, die so friedlich und sanft sind, dass sich selbst die Hähne untereinander vertragen. Ihr Bruttrieb ist extrem gering ausgeprägt, sie fliegen kaum und legen etwa 200 braune Eier pro Jahr. Auffallend sind ihre puscheligen Federfüße, die nicht ständig nass und verschlammt sein sollten. Diesbezüglich sind diese Hühner also empfindlicher als andere Rassen. Interessant für das Homefarming sind Sundheimer auch in der Zwergenversion (Zwerg-Sundheimer). Kleines Huhn – weniger Platzbedarf!

1
4

2
3

5

6

7

8

9

10

6 ITALIENER

Italiener sind agile, robuste und friedliche Hühner mit gering ausgeprägter Brutlust. Sie kommen auf eine beachtliche Legeleistung von etwa 200 Eiern pro Jahr – auch wenn die Legeleistung im Winter nachlassen kann. Sie sind recht gute Flieger, ihr Gehege benötigt also eine hohe Umzäunung. Wer sie frei im Garten laufen lässt, wird sie abends womöglich in Bäumen und Büschen finden, in die sie sich zum Schlafen zurückziehen.

7 BARNEVELDER

Barnevelder sind anfängerfreundliche, friedliche und robuste Winterleger, die schnell zutraulich werden. Ihre Flugfähigkeit und ihr Bruttrieb sind nicht besonders ausgeprägt, das macht sie zu guten Gartenbewohnern. Ihre Eier sind anfangs fast schokoladenbraun, sie werden im Lauf des Jahres dann etwas heller. Im Winter geht die Legeleistung leicht zurück. Ihr könnt mit etwa 180 Eiern pro Jahr rechnen. Meine Barnevelder haben den Farbschlag »silber-schwarz-doppelt gesäumt«.

8 PLYMOUTH-ROCK

Plymouth-Rock-Hühner werden schnell zutraulich. Sie sind zudem sehr friedlich, sodass sich auch die Hähne untereinander gut vertragen. Die Hennen legen 130 bis 180 Eier im Jahr und gehören zu den Winterlegern. Wie jedes Huhn braucht auch das Plymouth-Rock einen Auslauf, er muss aber nicht besonders groß sein, um die Tiere artgerecht zu halten. Und da sie nicht gut fliegen können, reicht ein niedriger Zaun. Ihre Brutlust ist nicht besonders stark. Ideale Familienhühner!

9 ORPINGTON

Orpingtons sind zahme, für Anfänger gut geeignete, kälteunempfindliche Hühner und robuste Winterleger. Sie eignen sich auch deshalb gut fürs Homefarming, weil sie viel zartes Fleisch ansetzen. Sie werden kugelig rund, legen etwa 180 Eier pro Jahr und kommen auch mit einem kleineren Auslauf zurecht. Aber Achtung, auch hier gilt: Ihr Bruttrieb ist stark ausgeprägt. Wenn ihr einen Hahn habt, sind Küken fast vorprogrammiert.

10 BIELEFELDER KENNHUHN

Diese Rasse kommt auf die beachtliche Legeleistung von bis zu 230 Eiern im Jahr. Das ist für Selbstversorger natürlich toll. Dazu ist das kälteunempfindliche, robuste Huhn auch noch für Anfänger bestens geeignet. Brutlust und Flugfähigkeit sind nicht besonders stark ausgeprägt, der Auslauf sollte allerdings mindestens mittelgroß sein. Auch im Winter möchte das Bielefelder Kennhuhn gern laufen und scharren dürfen.

→ Wer Hühner für den Garten sucht, sollte auf eine robuste, anfängerfreundliche Rasse setzen, die friedlich ist und auch im Winter Eier legt.

Dresdner hatte ich erst gar nicht auf dem Plan. Dabei sind sie wie für mich gemacht.

WIE ICH AN DIE DRESDNER KAM

Ich könnte mir vorstellen, dass ihr gerade genauso überrascht seid, wie ich es war: Auch ich hatte keine Ahnung, wie viele verschiedene Hühnerrassen es gibt. Unglaublich.

Nachdem ich mich in den unterschiedlichsten Büchern und Internetforen informiert hatte, entwickelte ich folgenden Plan: Ich wollte Hühner einer Zweinutzungsrasse anschaffen, um nicht nur die Eier, sondern in Zukunft vielleicht auch sehr konsequentes Bio-Hühnerfleisch essen zu können. Ich muss wirklich lachen, wenn ich heute an diesen Plan denke, weil schon nach 20 Minuten mit den Hühnern klar war, dass ich das nie werde tun können. So schnell wuchsen mir die Tiere ans Herz. Aber egal, vor einigen Monaten dachte ich noch, dass dieses sehr ehrliche Bio-Fleisch mal auf meinem Speiseplan stehen würde.

Weil ich zudem ein robustes Huhn haben wollte, das anfängergeeignet und zutraulich ist, mit dem Hamburger Schietwetter zurechtkommt und auch im Winter Eier legt, standen am Ende folgende Rassen auf meiner Wunschliste: Italiener, Wyandotten oder das Bielefelder Kennhuhn. Nur wie kommt man ran an so ein Huhn? Ich hatte recherchiert, dass man es als purer Anfänger besser nicht mit Bruteiern oder Küken probieren sollte, und so wandte ich mich an einen Geflügelzüchterverein und fragte, wo ich erwachsene Tiere dieser Rassen erwerben könne. Und tatsächlich: Ich bekam schnell Antwort. Zu den ausgewählten Rassen habe man jetzt keinen Kontakt, hieß es, da müsste ich wohl auf die nächste Geflügelshow warten. Aber man könne mir einen Züchter empfehlen, der Dresdner habe, eine Rasse, die alle von mir gewünschten Eigenschaften besitze.

Von Dresdnern hatte ich bei meiner gesamten Recherche noch nichts gehört. Und so begann ich nachzulesen:

»Die Dresdner sind eine Haushuhnrasse, die unter reinen Leistungsaspekten von Alfred Zumpe aus bereits bestehenden Rassen gezüchtet wurde. Die Entwicklung und Zucht dieser Rasse erfolgte 1955 in der Region um Dresden«, stand da auf Wikipedia. Und dass es sich um ein Zweinutzungshuhn handele, das sein Futter besonders gut verwerte. Dass ich mit ungefähr 180 Eiern pro Jahr und Huhn rechnen könne, diese Zahl im Winterhalbjahr nur geringfügig sinke und dass sie besonders gut an kalte Witterungen angepasst seien, da ihr Rosenkamm nicht so zu Erfrierungen neige wie ein Einfachkamm.

»Rosenkamm«: da musste ich schon wieder nachlesen. Und ich lernte, dass es sich hier um den roten Lappen oben auf dem Kopf handelt, der bei den Dresdnern flach am Kopf angewachsen ist und nicht irokesenartig hochsteht wie bei anderen Hühnern. Über die Möglichkeit, dass Hühnern im Winter ihre Frisur abfrieren könnte hatte ich im Übrigen vorher auch noch nie nachgedacht.

Alles in allem schien mir das überzeugend zu sein. Und als ich dann auch noch etwas mehr in die Zuchtgeschichte der Dresdner einstieg, war ich sogar regelrecht begeistert, denn die liest sich wie ein Spielfilm, der abends im Ersten laufen könnte. Ich fasse das deshalb mal zusammen, wie es in der Fernsehzeitschrift stehen würde: »Biografischer Film über den passionierten Geflügelzüchter Alfred Zumpe, den es als junger Mann in der englischen Kriegsgefangenschaft auf eine Geflügelfarm verschlägt, wo sein Entschluss reift, in der Heimat eine Hühnerrasse züchten zu wollen, die ähnlich robust, legefreudig und wohlschmeckend sein sollte wie die Hühner auf dem dortigen Hof. Zurück in Deutschland wird Zumpe zunächst für diesen Plan verlacht. Er schafft es aber nach jahrelangen Misserfolgen am Ende tatsächlich, ein Huhn zu züchten, das den anderen in vielerlei Hinsicht überlegen ist. Die ganz große Würdigung erfährt Zumpes Zuchtlinie der ›Dresdner Hühner‹ erst nach seinem Tod. Eine Geschichte zwischen Drama, Kriegswirren, Leidenschaft und dem späten ganz großen Erfolg.«

Irre Geschichte, oder? Ich gebe zu, dass sie sich nicht ganz so dramatisch abgespielt hat, aber so erzählt, würde sie sich für einen 20.15-Uhr-Film eignen, nicht wahr? Und so erzählt war für mich sehr schnell klar: Die Dresdner sind es. Die möchte ich haben für meinen Garten.

NIKE
AIR

WIE KOMMT MAN NUN RAN AN DAS FEDERVIEH IM GARTEN?

Sobald ihr eure Entscheidung für eine bestimmte Hühnerrasse getroffen habt, steht ihr auch schon vor der nächsten Frage: Womit starte ich denn jetzt mein Hühnerprojekt im Garten? Mit Eiern, Küken oder erwachsenen Hühnern?

Mir ging es genauso und meine Empfehlung ist: Holt euch erwachsene Hühner, am besten solche, die gerade ein Jahr alt sind. Dann sind sie, was Vitalität und Legeleistung betrifft, in ihrer besten Zeit und ihr müsst kaum etwas tun. Denn erwachsene Hühner sind pflegeleicht. Wenn ihr ihnen Wasser, Futter, Auslauffläche und einen Stall für die sichere Übernachtung zur Verfügung stellt, sind sie glücklich und kommen allein klar. Natürlich müsst ihr den Stall sauber halten und euch einmal am Tag um die Verpflegung kümmern, aber ansonsten sind die Tiere autark. Sie gehen abends allein in den Stall und kommen auch morgens allein wieder raus.

Wenn ihr eine batterie- oder strombetriebene Geflügelklappe einbaut, müsst ihr euch auch nicht in aller Herrgottsfrüh aus dem Bett quälen, um die Hühner aus dem Stall zu lassen. Und ihr müsst auch nicht abends wieder pünktlich zu Hause sein, um die Tür hinter ihnen zu schließen. Eine automatische Hühnerklappe öffnet und schließt sich nämlich bei Sonnenaufgang und Sonnenuntergang automatisch – per Dämmerungssensor. Alternativ könnt ihr auch eine Uhrzeit einprogrammieren, zu der sich die Tür öffnen beziehungsweise schließen soll. Und ihr müsst euch übrigens wirklich keine Sorgen machen: Die Hühner gehen abends tatsächlich ganz von allein ins Hühnerhaus, um sich des Nachts vor dem Fuchs und anderen Feinden zu schützen. Auch das haben erwachsene Hühner bereits gelernt.

NÄGEL MIT KÖPFEN MACHEN

Wenn ihr euch an den örtlichen Geflügelzüchterverein wendet, bekommt ihr schnell Daten von Geflügelschauen, auf denen ihr Tiere ansehen und erwerben könnt. Oder ihr fahrt direkt zu einem Züchter und sucht euch dort mit seiner Hilfe gesunde und geimpfte Exemplare aus. Da Hühner Herdentiere sind, sollten sie mindestens in einer kleinen Gruppe gehalten werden. Drei bis vier Hühner oder Zwerghühner sind für den Anfang ideal. Ob ihr auch einen Hahn dazunehmt, ist eure Entscheidung.

So ein automatischer Türöffner gewinnt vielleicht keinen Designpreis, aber er ist superpraktisch, wenn man abends mal nicht zu Hause ist.

DIE VOR- UND NACHTEILE EINES HAHNS

NACHTEIL: EIN HAHN IST LAUT!

Machen wir uns nichts vor: Ein Hahn ist ein Statement. Im ländlichen, dünn besiedelten Raum steht es für: »Ich schlafe sowieso nicht lange« und im städtischen, dicht besiedelten macht es klar: »Ich schlafe sowieso nicht lange und ihr, liebe Nachbarn, ab jetzt auch nicht mehr.« Denn eins ist ein Hahn auf jeden Fall: laut. Er kräht – und zwar den ganzen Tag über. Er fängt damit an, sobald die Sonne aufgeht, und er hört erst wieder auf, wenn sie untergeht. Ein Hahn kräht jedes Mal, wenn er einen Grund dafür sieht. Und den sieht er oft.

Einigermaßen in Grenzen hält es sich noch, wenn der Hahn sich allein auf weiter Flur wähnt. Sollte es aber einen weiteren Hahn im Gehege oder auf einem der Nachbargrundstücke geben, den er zumindest hören kann, wird er wahre Krähkonzerte veranstalten. Denn dann beginnt eine Art Wettstreit zwischen den Herren und Gewinner scheint zu sein, wer am lautesten kräht. Ich schreibe dies aus Erfahrung. Denn mein Hahn Giovanni hat so einen Krähkumpel: direkt nebenan wohnt nämlich ein namenloser Jersey-Giant-Hahn. Jersey Giants gehören zu den größten Hühnerrassen der Welt und dementsprechend ausgeprägt ist das Organ des Nachbartiers. Wovon sich mein Giovanni aber erst einmal unbeeindruckt zeigt: Gegen 5 Uhr beginnt regelmäßig zuerst der Nachbarhahn zu schreien und kurz danach »antwortet« Giovanni. Und die Herren haben sich auch tagsüber offenbar so einiges zu erzählen.

Schlafen ist jedenfalls nur noch mit geschlossenem Fenster möglich. Und wer glaubt, dass ich übertreibe, der mache unbedingt VOR der Anschaffung eines Hahns den Dezibel-Check und besuche einen offiziellen »Hähnekräh-Wettbewerb«. Ja, so etwas gibt es wirklich. Ein Wettbewerb, der gern von Geflügelzüchtervereinen veranstaltet wird und bei dem derjenige Hahn prämiert wird, der am häufigsten schreit. Ich sage euch: Das namenlose Nachbartier hätte definitiv das Zeug zum Gewinner.

Warum sollte man sich also einen Hahn anschaffen, wenn er einem nicht nur die Bettruhe, sondern auch den letzten Nerv raubt? Die Antwort ist einfach: Weil die Lautstärke der einzige Nachteil ist. Die Vorteile überwiegen.

Ein Bild von einem Hahn. Tatsächlich hat Giovanni, ehe er bei mir einzog, auf einem Schönheitswettbewerb ein »Hervorragend« erhalten.

VORTEIL: EIN HAHN PASST AUF!

Hühner sind die geborenen Opfer. Das ist leider die traurige Wahrheit. Denn mit Füchsen, Mardern und Greifvögeln haben sie viele tödliche Feinde.

Wer schon einmal gesehen hat, wie der Stall nach der Attacke durch einen Fuchs aussieht, wird alles tun, damit sich das nicht wiederholt. Wenn ein Fuchs oder ein Marder erst einmal ein Tier aus der Gruppe angegriffen hat, kommt er nämlich in einen regelrechten Blutrausch und hört nicht eher auf, bis alles Leben zerfetzt am Boden liegt. Ein Splattermovie ist nichts gegen diesen Anblick, der mir von vielen Hühnerfreunden sehr drastisch beschrieben wurde und der mir selbst zum Glück bisher erspart geblieben ist.

Gegen so einen gefährlichen Feind wird sich letztlich auch ein Hahn nicht wehren können. Aber er wird es versuchen. Er wird laut krähend warnen. Und vielleicht ist der Mensch dann noch rechtzeitig zur Stelle, um den Fuchs oder Marder zu vertreiben. Mit Ratten wird es ein Hahn sogar selbst aufnehmen können und vor allem die Greifvögel haben es deutlich schwerer, Beute im Hühnergehege zu machen, wenn dort ein Hahn als »Türsteher« agiert. Ich habe es selbst schon beobachten können: Während die Hennen sich auf die Futtersuche konzentrieren, beobachtet Giovanni die Umgebung und den Luftraum darüber. Mit seiner Stimme, die mehr kann, als nur laut krähen, gibt er verschiedene Warngeräusche ab, die bei den Hühnern zu erhöhter Aufmerksamkeit führen. Und manchmal sogar dazu, das sie aufgeregt unter dem nächsten Busch Schutz suchen. Anfangs war Giovanni selbst dann in Alarmbereitschaft, wenn ich das Gehege betrat. Er beobachtete mich genau, um herauszufinden, ob irgendeine Gefahr von mir ausging. Mittlerweile weiß er, dass vor allem Futter von mir ausgeht, und so hat er auch mich in sein Herz geschlossen.

Zwingend notwendig als Herdenchef ist ein Hahn übrigens nicht. Ihr könnt euch genauso gut eine Gruppe weiblicher Hühner im Matriarchat in den Garten holen. In diesem Fall würden sich dann zwei bis drei ranghohe Hühner den Beschützerposten teilen. Ihr seht: Frauenpower im Hühnergehege ist möglich. Nur mit dem Nachwuchs wird es dann kompliziert.

- Der größte Nachteil eines Hahns: Er ist laut – und er hat leider viel zu erzählen. Wohnt ein anderer Hahn nebenan, verdoppelt sich das Krähen nicht nur, es vervielfacht sich.
- Der größte Vorteil eines Hahns: Er beschützt! Während die Hennen Futter suchen, hält er nach Raubvögeln Ausschau.

Eigentlich wollte ich ein Hennenmatriarchat im Garten. Doch dann kam Giovanni.

WIE ICH ZU GIOVANNI KAM

Ich persönlich war mir ganz sicher: Wenn Hühner im Matriarchat leben können, dann wird in meinem Garten eins errichtet. Volle Frauenpower – ohne Hahn. Das war meine Devise. Und das war auch die konkrete Anfrage an den Züchter Bernd Eggers, der mir vom Geflügelzüchterverein für die Anschaffung der »Dresdner« empfohlen wurde.

Ich fuhr also ins Umland von Hamburg, nach Neuengamme, zu Bernd Eggers, bei dem ich im Vorfeld telefonisch vier Dresdner Hennen angefragt hatte. »Ja, die hab ich. Vier kann ich Ihnen geben«, sagte er am Telefon. »Mehr aber nicht. Die brauche ich selber. Für die Wettbewerbe in einem halben Jahr.«

Ich war einverstanden und fand es irgendwie gut, dass dies offenbar keine Massenabfertigung war. »Was kann ich mitbringen für den Transport?«, fragte ich. »Umzugskarton reicht«, sagte er norddeutsch knapp und schob noch ein »Bis nachher!« hinterher, bevor er auflegte.

Als ich seine Adresse im Süden von Hamburg erreichte, standen die vier Hühnerdamen schon fertig verpackt in selbst gebauten Holzkisten in der Garageneinfahrt. »Warum eigentlich kein Hahn?«, wollte Eggers wissen. Als ich dann ansetzte zu meinem kleinen Vortrag über die Vorteile des Hühnermatriarchats, winkte er nur ab und sagte: »Wenn die rauskommen bei Ihnen, dann brauchen Sie einen. Zum Beschützen. Warte, ich hole noch einen.« Und schon war er auf dem Weg Richtung Gehege.

Irgendwie war der Mann überzeugend. Er wirkte so erfahren und pragmatisch, dass ich zu meiner eigenen Überraschung dachte: »Gut, wenn er das sagt. Warum eigentlich nicht?« Und als ich ihm durch seine Ställe folgte, wurde mir noch klarer: »Der weiß, wovon er spricht. Vollprofi. Dann nehme ich so einen Hahn eben auch noch mit.«

Zwanzig Minuten später saß ich im Auto mit vier Hühnern und einem Hahn. Und es war – mucksmäuschenstill. Auf der einstündigen Fahrt vom Süden Hamburgs in den Norden hielt ich zwei Mal an, um zu sehen, ob das Geflügel vielleicht vor Schreck oder Abschiedsschmerz gestorben war, denn es war wirklich kein einziges Geräusch zu hören. Doch alle waren wohlauf – auch dann noch, als ich zu Hause ankam.

Und als ich die Kisten in ihrem neuen Gehege öffnete, stiegen auch alle sofort sehr neugierig und gut gelaunt aus. Ich hatte zwei wichtige Dinge gelernt: Ein Hahn ist offenbar doch eine gute Idee. Und Hühner empfinden Autos als eine Art Schweigekloster.

Und dann sollte ich noch etwas lernen: Nachdem die Hühnertruppe nämlich schon 20 Minuten durch das Gehege gelaufen war, um alles zu erkunden und glücklichst im Rasen zu scharren, sah ich auf mein Handy. Dort war folgende Nachricht von Bernd Eggers angekommen: »Wenn Sie da sind: die Hühner sofort in den Stall einsperren und zwei Tage nicht rauslassen. Die müssen den neuen Stall als ihren akzeptieren. Sonst gehen die da nachts nicht rein.«

Ich schaute auf die freudig herumgaloppierenden Hühner in meinem 400 Quadratmeter großen Auslauf und schrieb zurück: »Zu spät gelesen. Die rennen hier schon rum.« Darauf kam nur ein »Dann viel Spaß beim Einfangen«. Und den hatte ich …

Nachwuchs im Hühnergarten: dazu braucht es einen Hahn oder Bruteier.

HÜHNER UND IHR ZUBETTGEH-RITUAL

Wenn ihr alles richtig machen wollt, holt ihr euch nicht nur erwachsene Hühner in einer kleinen Gruppe, sondern setzt die neu erworbenen Tiere auch direkt in euren Stall. Mit geschlossener Tür. Sodass sie sich erst einmal an die neue Behausung gewöhnen können. Ich habe es damals tatsächlich geschafft, die Hühner in den Abendstunden mithilfe mehrerer Familienmitglieder und eines großen Netzes wieder einzufangen, damit sie die Nacht in ihrem neuen Stall verbringen. Entgegen der Empfehlung des Züchters (ich mache nicht immer das, was man mir aufträgt) habe ich sie am nächsten Morgen aber sofort wieder rausgelassen, weil es mir das zweitägige Einsperren in dem doch recht engen Stall irgendwie nicht richtig vorkam. Und es hat trotzdem funktioniert:

Fast alle meine Hühner setzen sich zum Schlafen auf die sprichwörtliche Stange. Nur ein einziges sitzt lieber auf dem Brett darunter.

Hühner haben eine innere Uhr, die ihnen sagt, wann Schlafenszeit ist. Sobald es dämmrig wird, geht es ohne Murren ab in den Stall.

Obwohl sie nur eine Nacht in ihrem neuen Zuhause verbracht haben, sind sie am folgenden Abend von ganz allein wieder in den Stall spaziert – pünktlich zum Eintritt der Dämmerung. So wie sie es seitdem immer tun und so wie es eure Hühner auch tun werden. Ich muss aber zugeben, dass ich maximal gerührt war, als ich das zum ersten Mal in meinem Garten beobachten konnte. Den Tipp mit der automatischen Hühnertür möchte ich deshalb noch mal unterstreichen (siehe Seite 139): Die Investition von rund 120 Euro solltet ihr auf jeden Fall tätigen. Sie macht eure Hühner unabhängig von euch und vor allem macht sie euch unabhängig von euren Hühnern. Denn wer möchte schon jeden Tag morgens um 6 Uhr aufstehen, weil die Hühner im Stall randalieren? Es ist nämlich wirklich unglaublich: Hühner haben nicht nur eine innere Uhr, die sie mit Einsetzen der Dämmerung dazu bringt, den Stall aufzusuchen. Sie lieben auch das Ritual und sich wiederholende Prozesse. Ihr werdet wissen, was ich meine, wenn sie erst bei euch eingezogen sind, und mir dann beipflichten, dass Hühner echte Gewohnheitstiere sind.

Übrigens: Bei den meisten automatischen Hühnertüren könnt ihr für die Werktage andere Zeiten progammieren als am Wochenende. Wenn euer Stall schallisoliert ist, danken euch die Nachbarn mit Sicherheit jede morgendliche Stunde am Sonntag, in der euer Hahn noch nicht draußen rumkrakeelen kann.

→ **Hühner gehen mit Beginn der Dämmerung von ganz allein in den Stall. Immer. Ihr braucht euch deshalb keine Sorgen darum zu machen, dass ein Huhn ausgesperrt wird, wenn ihr eine automatische Hühnerklappe habt.**

WIE DER HÜHNERSTALL AUSSEHEN SOLLTE

An einem Stall kommt ihr nicht vorbei. Damit sich die Hühner in eurem Garten wohlfühlen, brauchen sie ZWINGEND ein trockenes, sicheres Häuschen, in das sie sich abends zurückziehen können. Am einfachsten kommt ihr dem Bedürfnis nach Sicherheit nach, wenn ihr einen Geflügelstall-Bausatz im Tierfachhandel kauft oder im Internet bestellt. Ihr könnt aber natürlich auch einen bestehenden Gartenschuppen zum Hühnerstall umbauen. Achtet dabei auf die richtige Größe. In der Hobby-Hühnerhaltung gilt die Faustregel: Ein Quadratmeter Stall für zwei bis drei Hühner. Gesetzlich wären sogar bis zu sechs Hühner auf einem Quadratmeter erlaubt. Aber eure gefiederten Freunde sollen es bei euch schließlich besser haben als ihre bedauernswerten Käfig-Artgenossen.

Dies ist der Stall, den ich von den Vorbesitzern meines Grundstücks geerbt hatte: Platz für etwa fünf Hühner und große Fenster, damit die Hühner auch im Winter viel Licht bekommen.

Bei Hühnerstall-Bausätzen sind die Legenester meist so platziert, dass man nur das Dach anheben muss, um an die Eier zu kommen. Praktisch!

Der Stall sollte den Hühnern einen trockenen, luftigen, aber nicht zugigen Schlaf- und Ruheplatz bieten. Ein großes Fenster, ausgerichtet zur Sonne, kann im dunklen Winter dafür sorgen, dass die Legeleistung der Hennen nicht zu stark abnimmt. Denn wie fast jedes Lebewesen brauchen auch Hühner Licht, um glücklich, gesund und in Bestform zu sein.

Bei der Einstreu habt ihr viele Möglichkeiten: Sand, Sägespäne, Holzpellets, Stroh, Heu etc. Wenn ihr den Stall sauber haltet und die richtigen hygienischen Maßnahmen ergreift, eignet sich fast jede denkbare Form der Einstreu.

Wichtig ist die Sitzstange, auf die sich die Hühner nachts zurückziehen können. Meine Hühner bevorzugen rechteckige Stangen mit abgerundeten Kanten. Auf der komplett runden Stange sitzt nur ein einziges meiner Hühner gern. Und ein weiteres setzt sich zum Schlafen gar nicht auf die Stange, sondern auf das darunter liegende »Kotbrett«. So ein Kotbrett solltet ihr auch einbauen. Da die Hühner nachts regelmäßig koten, erleichtert es die Stallhygiene nämlich enorm. Wenn es unter den Sitzstangen angebracht ist, könnt ihr es morgens einfach abfegen und schon ist der Stall wieder sauber. Und kurz zur Erklärung: Hühner setzen ihren Kot und Urin gleichzeitig ab. Manchmal ist der Kot also etwas »schmierig«. Wenn er mit einer weißen Schicht überzogen ist, dann wisst ihr: alles super. Das Huhn hat gerade beide Ausscheidungen in Kombination betrieben. So soll es sein.

Neben den Sitzstangen und dem Kotbrett sollte es im Stall Platz für eine Wassertränke und einen Futterspender geben. Hier könnt ihr durchaus Produkte wählen, die größere Mengen aufnehmen können – so könnt ihr auch mal zwei, drei Tage in den Wochenendurlaub oder auf Arbeitsreise fahren, ohne dass ihr euch Sorgen um die Verpflegung eurer Tiere machen müsst.

»Ein Hühnerstall sollte euren gefiederten Freunden einen trockenen, sicheren und gut belüfteten Schlafplatz bieten.«

Wichtig ist auch mindestens ein Legenest (bei mehr als vier Hennen braucht ihr entsprechend mehr), in dem die Hennen in Ruhe ihre Eier legen können. Bei Hühnerställen, die man als Bausatz kauft, ist das Legenest meistens direkt an den Stall angeschlossen und mit einem Deckel ausgestattet, den ihr von außen öffnen könnt, um die Eier zu entnehmen. Ihr könnt als Nest aber auch einfach eine größere Holzkiste oder ein Katzenklo mit Haube anbieten oder selbst ein Nest bauen –

gern mit Dach, denn Hühner mögen es, wenn sie auch von oben geschützt sind. Ich selbst habe das Legenest mit einer dicken Schicht Heu ausgelegt, weil meine Hühner das am schönsten finden. Selbstverständlich muss das Heu regelmäßig ausgetauscht werden, auch wenn die Hühner in der Regel nicht ins Legenest koten.

Meine Hühner haben übrigens auch Spaß daran, ihre Eier draußen im Gehege in die kleine Rasenmähergarage zu legen, die ich dafür zweckentfremdet habe. Mein Tipp: Gerade wenn die Hühner neu bei euch eingezogen sind, solltet ihr das Gehege und den Stall immer mal wieder nach wild herumliegenden Eiern absuchen. Denn viele Hühner suchen sich ein eigenes Plätzchen unter Büschen oder Bäumen, um in Ruhe ihr Ei zu legen.

Nest Marke Eigenbau: eine alte Weinkiste mit Stroh. Hier hat zwar noch niemand ein Ei reingelegt, aber als Treffpunkt für die Youngster ist die Kiste sehr beliebt. Ein Hühner-Sit-In!

DIE RICHTIGE STALLHYGIENE – KAMPF DEN PARASITEN

Das Allerwichtigste im Hühnerstall aber ist, dass ihr auf die Hygiene achtet. Jede Ritze, jedes Chichi – seien es Vorhänge, witzige Accessoires oder aufwendige Laubsägedekorationen – sieht zwar schön aus, ist aber gefährlich für eure Hühner. Denn Falten und Ritzen bieten Parasiten den perfekten Unterschlupf.

> »Die richtige Stallhygiene ist wichtig, weil eure gefiederten Freunde sonst schnell mit Parasiten zu kämpfen haben.«

Ein echter Quälgeist ist zum Beispiel die Rote Vogelmilbe, die sich gern in den Ritzen und Spalten des Stalls versteckt und nachts herauskommt, um an den Beinen der schlafenden Hühner hinaufzuklettern und Blut zu saugen. Hört sich an wie in einem Horrorfilm, oder? Ist auch so! Der reinste Horror – nämlich für die armen Hühner, die den kleinen Blutsaugern im verschlossenen Stall hilflos ausgeliefert sind. Im schlimmsten Fall können sie an diesen Parasiten sogar sterben, weshalb ihr den Kampf gegen die Vogelmilbe von Anfang an sehr ernst nehmen solltet.

Ihr habt mehre Waffen, um Milben und andere Parasiten und »Lästlinge« in Schach zu halten:

1. Das Wichtigste: Entfernt möglichst täglich den Kot aus dem Stall. Wenn ihr es mal ein, zwei Tage nicht schafft, ist das aber auch kein Drama.

2. Einmal im Monat solltet ihr die komplette Stalleinstreu erneuern – egal ob ihr Stroh, Sägespäne oder Holzpellets ausgestreut habt.

Wenn ihr jeden Tag mit Schaufel und Besen die Kotbretter abkehrt, reicht es, einmal im Monat den kompletten Stall auszumisten.

3. Wenn der Stall beim monatlichen Misten ausgefegt wird, bestäubt ihn von innen gleich komplett mit Kieselgur. Die puderfeinen Partikel der fossilen Kieselalge sorgen dafür, dass eventuell vorhandene Milben austrocknen. Vergesst auch die Sitzstangen und ihre Halterungen nicht, jede Ritze ist ein potenzielles Milbenversteck. Sogar in den Nestern und im Einstreu könnt ihr Kieselgur verwenden, es ist unschädlich für eure Hühner. Nur ihr selbst solltet dabei eine FFP2- oder FFP3-Maske tragen, denn bei Menschen kann Kieselgur zu einer Staublunge führen.

4. Streicht den Stall ein- bis zweimal im Jahr mit frisch angerührtem Sumpfkalk. Das sieht sehr hübsch nach Shabby Chic aus und verhindert gleichzeitig, dass sich Milben einnisten.

5. Wenn der Stall groß genug ist, stellt euren Hühnern noch eine Kiste zum Sandbaden hinein. Die Möglichkeit zum ausgiebigen Sandbaden ist nämlich essenziell für die Federpflege. Die Hühner werden sich also ganz instinktiv darin wälzen und ihr werdet denken: »Guck mal, das ist echt wie ein Spa für die!«

Mehr Hühner, größerer Stall: Da jedes Tier seinen Platz braucht, musste ich kürzlich »anbauen«. Ich habe ein Gartenhaus zum Stall umfunktioniert.

Meine Hühner haben mit der Zeit übrigens tatsächlich unterschiedliche Spa-Rituale entwickelt: Einige buddeln sich Löcher in den sandigen Teil des Auslaufgeheges und wälzen sich dort. Andere bevorzugen die Stelle, an der ich Sand mit Holzasche aus dem Feuerkorb gemischt habe und wieder andere stürzen sich mit Inbrunst in die Mörtelkiste, die ich mit der Vergrößerung des Hühnerstalls angeschafft habe und in der eine Mischung aus »Cumbasil«, einem 100 Prozent natürlichen Mineralpulver, und Sand zum »Baden« bereitsteht.

Bernd Eggers, mein Lieblingshühnerzüchter, von dem ich, wie ihr wisst, meine Dresdner habe, benutzt auch gern »Fels CalciDes« eine natürliche, alkalische Kalkeinstreu. Denn »im Mai kommen die Spinnmilben«, wie er sagt. CalciDes erhöht den pH-Wert auf über 10 und tötet so Hautparasiten und Ungeziefer auf natürliche Weise ab. Ihr könnt es bedenkenlos auch in die Legenester streuen, im Einstreu verwenden oder um den Tränkenbereich ausstreuen, da es Feuchtigkeit sehr gut bindet.

Wichtig: Berücksichtigt bei allen genannten Produkten für die genaue Anwendung bitte immer die Herstellerangaben. Und falls ihr trotz allem Milbenbefall feststellt, könnt ihr natürlich auch den Tierarzt um Rat fragen. Es gibt seit ein paar Jahren wirksame Medikamente, über die ihr euch aber bei ihm erkundigen solltet.

IMPFUNGEN UND PAPIERKRAM

Wenn ihr Hühner in euren Garten holen wollt, was, wie ihr jetzt wisst, wirklich eine sehr gute Idee ist, gibt es eigentlich nicht viel zu beachten. Ihr müsst die Hühner lediglich beim zuständigen Veterinäramt und bei der Tierseuchenkasse anmelden. Dafür muss ein Formular mit Adresse und Anzahl der Tiere ausgefüllt werden – natürlich geht das auch online oder per Fax und meistens ist das sogar kostenlos. »Genehmigen« lassen müsst ihr euch die Hühner von den Behörden in der Regel nicht. Ihre Haltung ist fast immer erlaubt, auch in der Stadt. Ausnahmen davon kann es geben, wenn ihr in einem Wasserschutz- oder Naturschutzgebiet wohnt oder in einer verkehrsberuhigten Wohngebietszone. Hier wurde Hühnerfreunden schon untersagt, mehr als sechs Tiere zu halten. Um ganz sicherzugehen, erkundigt ihr euch am besten beim zuständigen Amt.

Das Aufstellen eines kleinen mobilen Hühnerstalls ist ebenfalls genehmigungsfrei. Wenn ihr größer bauen wollt, solltet ihr euch aber auch hier lieber noch mal erkundigen. In Sachen Nachbarn gilt darüber hinaus wie immer das »Gesetz der Rücksichtnahme«. Sie werden euch die Hühnerhaltung zur Selbstversorgung nicht verbieten können, aber viel schöner ist es doch, ihr holt sie mit ins Boot und sie finden sogar Freude an euren neuen Mitbewohnern. So ein morgendlicher Hahnenschrei (wenn ihr denn überhaupt einen Hahn nehmt) ist viel besser zu ertragen, wenn man im Gegenzug mit Genießer-Bio-Eiern versorgt wird.

Zu guter Letzt solltet ihr noch auf die regelmäßige Impfung eurer Tiere achten: Die Hühner müssen spätestens alle drei Monate gegen die »Newcastle-Krankheit« geimpft werden. Den Impfstoff, den ihr zu Hause über das Trinkwasser verabreichen könnt, bekommt ihr beim Tierarzt. Ihr könnt euch aber auch einem Impftermin der örtlichen Geflügelzüchtervereine anschließen. Dann wird die Impfung günstiger, weil ihr euch den Preis für den Impfstoff teilt. Die kleinste Dosis ist nämlich immer noch für 1000 Tiere abgefüllt und kostet etwa 23 Euro. Alle anderen Impfungen, Wurmkuren etc. sind fakultativ und beim Homefarming eigentlich zu vernachlässigen. Ihr schleppt die Viecher ja nicht mit auf Ausstellungen, wo sie mit Hunderten anderen Tieren in Kontakt kommen. Es besteht also kaum Ansteckungsrisiko.

Eins noch: Wenn in eurer Region Vogelgrippe-Alarm ist, gilt auch für eure Gartenhühner die Stallpflicht. Ein kleiner Stall mit überdachtem Auslauf oder Voliere macht es euch auch in diesem Fall einfach und die Hühner kommen trotzdem noch an die frische Luft.

Kein Schnaps, sondern Impfstoff: So kann man seine Ration beim Geflügelzüchterverein abholen. Günstiger und geselliger!

DER AUSLAUF – WIE IHR IHN AM BESTEN ANLEGT UND AUSSTATTET

Ich finde, Hühner sollten Auslauf haben. Deshalb gebe ich hier auch gar keine Tipps, wie ihr es mit reiner Stallhaltung schafft. Das gefällt mir einfach nicht. Denn wenn ihr nur zehn Minuten lang beobachtet habt, wie genussvoll Hühner in ihrem Auslauf herumrennen, wie sie scharren, sandbaden, picken oder manchmal auch richtig sonnenbaden, bringt ihr es gar nicht mehr übers Herz, ihnen diese Freiheit und dieses Glück zu verwehren. Doch wie groß sollte so ein Auslauf nun tatsächlich sein und wie sichert man ihn gegen Feinde ab?

GRÖSSE DES GEHEGES

In der Hobby-Hühnerhaltung gilt folgende Faustregel: Für den Auslauf solltet ihr fünf bis zehn Quadratmeter pro Huhn einkalkulieren. Bei einer »Anfängerschar« von vier Hennen sollte der Auslauf also mindestens 20 Quadratmeter groß sein. Mehr ist natürlich immer schöner.

SCHUTZ VON OBEN

Wenn ihr absolut sichergehen wollt, dass kein Feind zu euren Hühnern vordringen kann, müsst ihr wohl oder übel eine richtige Voliere bauen. Mit Seitenwänden, die nach unten mit Steinen oder Beton abgesichert sind, damit sich niemand durchbuddeln kann. Und mit einem Dach, das Schutz vor Greifvögeln bietet. Wollt ihr keine feste Konstruktion bauen, wählt ihr für das Gehege unbedingt einen Bereich mit dicht belaubten Bäumen und Büschen aus, damit eure Hühner Versteckmöglichkeiten und Schutz von oben haben.

Wenn allerdings der Habicht, der ein ganz perfider und geschickter Jäger ist, zuschlägt, müsst ihr handeln und alle ungeschützten Bereiche zumindest mit Netzen absichern. Er ist nämlich ein sogenannter Ansitzjäger und greift gerne aus einer gemütlichen Warteposition heraus an. Ich konnte schon beobachten, wie er sich einfach auf einen Baum im Hühnergehege setzte und dann nur kurz nach unten schoss, um sich ein armes Federvieh zu krallen. Und das Schlimme ist: Wenn der Lump erst mal weiß, wo er Futter findet, kommt er immer wieder.

EINZÄUNUNG DES GEHEGES

Gegen die Feinde, die am Boden leben, helfen Netze und Büsche leider nicht. Um den Fuchs, ein Wiesel oder den Marder fernzuhalten, habe ich einen 1,20 Meter hohen Elektro-Geflügelzaun angeschafft, der das gesamte Gehege umzäunt und den ich noch zusätzlich mit Zeltheringen im Boden verankert habe. Wenn sich nun also ein hungriger Hühnerfeind heranpirscht und versucht, sich unter dem Elektrozaun durchzubuddeln oder diesen zu zerbeißen, bekommt er eins gewischt. Und Strom am Schnütchen ist unangenehm. Fuchs und Marder werden die Flucht ergreifen – hoffe ich jedenfalls.

Eine Gewähr kann ich dafür natürlich nicht übernehmen. Aber zumindest bei mir klappt es schon seit einem Jahr, obwohl ich direkt an einem Naturschutzgebiet wohne, wo mein Hühnergehege wirken muss wie ein »Candyshop«.

Meine Katzen lassen sowohl die Hühner als auch die Küken übrigens absolut in Frieden. Natürlich sind auch sie durch den Elektrozaun vom Gehege getrennt, aber Luzi, Lotti und Jack könnten sich ja trotzdem auf die Lauer legen und die kleinen Flauschbälle zumindest interessiert beobachten. Tun sie aber nicht. Und weil Vögel leider sonst sehr wohl auf ihrer Speisekarte stehen, habe ich nur eine Erklärung dafür: Meine Samtpfoten spüren, dass die Hühner zur Familie gehören – und deshalb sind sie tabu. Ich habe selbst gesehen, wie die Küken einmal durch den Elektrozaun geschlüpft sind, als der Strom nicht funktioniert hat und in etwa einem Meter Entfernung an Kater Jack vorbeiflanierten. Der schaute sich die gelben Winzlinge in aller Seelenruhe an und sah in ihnen ganz offensichtlich keine Beute. Für dieses Verhalten habe ich ihn dann natürlich sehr gelobt. Fand er gut.

EINRICHTUNG DES GEHEGES

In dem ausreichend großen, vernünftig abgesicherten Gehege sollten eure Hühner Folgendes vorfinden: einen regengeschützten Futterplatz, eine Stelle, an der sie frisches Wasser finden, und einen Platz, an dem sie geschützt sandbaden können. Dazu könnt ihr zum Beispiel einen kleinen überdachten Sandkasten anlegen.

Ich habe das auch gemacht, allerdings geht da nie jemand rein. Meine Hühner wälzen sich viel lieber unter den großen Thuja-Bäumen im Sand und ich nehme das amüsiert zur Kenntnis. Denn das ist nicht der einzige Aspekt, bei dem ich offenbar überfürsorglich war. Immer wieder lehren mich meine gefiederten Mitbewohner: Wir kommen allein klar. Entspann dich mal!

Apropos Entspannen. Das ist ein wirklich wichtiger Punkt: Eure Hühner sollten die Möglichkeit haben zu relaxen. Sie brauchen »Schutzräume«, denn auf einer großen freien Rasenfläche sind sie in ständiger Alarmbereitschaft. Instinktiv beobachten sie den Himmel – aus Angst vor Greifvögeln. Denn nicht nur Hühnerhabichte setzen Hühner und Küken gern mal auf ihren Speiseplan.

Ich habe deshalb zusätzlich zu den Büschen im Gehege noch Pflanztunnel auf den Rasen gestellt, die den Hühnern einen schnellen Schutzraum bieten und durch die sie sicher in den belaubten Bereich gelangen. Gerade so ein kleines Küken schafft eine lange ungeschützte Wegstrecke einfach nicht, wenn von oben blitzschnell ein Greifvogel herabstürzt.

Kleine Baumstümpfe oder Kisten zum erhöhten Sitzen werden auch gern angenommen. Sowohl meine Kleinen als auch die Größeren veranstalten dort regelrechte »Sit-ins«. Das zu beobachten ist lustig – als würden sie sich dort zum Kaffeekränzchen verabreden.

Die beiden Hühnerschaukeln, die ich geschenkt bekommen habe, weil im Internet Videos von leidenschaftlich schaukelnden Hühnern grassieren, haben sie dagegen noch nie benutzt. Ich glaube sogar, im gesamten Gehege gibt es nichts, was so ignoriert wird wie diese Schaukeln. Aber vielleicht haben eure Hühner ja andere Hobbys. Ihr könntet es ihnen auch einfach mal vormachen. Das habe ich tatsächlich noch nicht versucht.

»Bietet den Hühnern im Auslauf geschützte Räume und Büsche zum Verstecken. Das ist ein großer Wohlfühlfaktor für euer Federvieh.«

Mit Sandflächen zum Baden und Baumstümpfen zum Klettern (1), wird der Auslauf zum Abenteuerspielplatz. Folientunnel (2) schützen eigentlich junges Gemüse vor Kälte. Im Hühnergehege schützen sie Groß und Klein vor Raubvögeln und Regen.

Dresdner sind nicht besonders brutfreudig, heißt es. Von wegen …

WIE SCHATZI ZUR GLUCKE WURDE

Ich kann euch nicht sagen, was da los ist in meinem Garten. Ob es am Wasser liegt oder ob die Hühner sich einfach nur sauwohl fühlen. Aber meine Dresdner Hennen, denen per Rassezuschreibung eine »gering ausgeprägte Brutlust« zugeschrieben wird, haben offenbar genau in dem Moment wilde Muttergefühle entwickelt, in dem sie meinen Garten betreten haben.

Schon nach wenigen Tagen benahm sich Henne Schatzi merkwürdig. Sie hatte diesen Namen erhalten, weil sie die zutraulichste von allen war. Von Anfang an ließ sie sich streicheln und sprang mir zum Füttern sogar auf den Schoß. Doch plötzlich gab sie diese glucksenden Geräusche von sich, stellte ihr Gefieder hoch und wirkte abweisender und nervöser als sonst.

Dann saß sie plötzlich im Legenest und wollte auch nicht mehr rauskommen. Wenn ich sie anfassen wollte, hackte sie nach meinen Händen. »Schatzi« entwickelte sich zum »Stinki«. Zwei Tage sah ich mir diesen Zustand an, dann zog ich mir Handschuhe an und hob sie vorsichtig aus dem Nest. Ich war überrascht, denn sie saß tatsächlich auf fünf Eiern.

Da sie selbst nicht so viele hatte legen können in diesen beiden Tagen, war klar, was passiert war: Sie hatte sich auch die Eier der anderen Hennen in ihr Nest geholt oder diese hatten ihr freiwillig welche zum Ausbrüten dazugelegt. Jedenfalls war sie ganz offensichtlich wild entschlossen, jetzt zu brüten. Ich hatte eine Glucke. Herzlichen Glückwunsch!

Sofort setzte ich mich an den Computer und fing an zu lesen. Was sollte ich jetzt tun? Ich hatte mich in Vorbereitung auf die neuen Gartenbewohner auf all das vorbereitet, was ihr bisher gelesen habt, aber mit Küken oder Naturbrut hatte ich mich noch nicht beschäftigt. Warum auch? Ich hatte das nun wirklich nicht geplant und mein Stall war ja auch gar nicht groß genug für mehr als fünf Hühner.

Ich las also und las, war in Foren unterwegs und auf Internet-Plattformen und lernte das Grundsätzliche: »Glucken brauchen einen eigenen Gluckenstall« stand da. »Sie müssen separiert werden von den anderen, damit sie in Ruhe brüten können. Dieser Prozess dauert 21 Tage.«

Aha. Eigener Gluckenstall also. Weil ich Schatzi natürlich sofort einen artgerechten Brutplatz außerhalb des kleinen Gemeinschaftsstalles bieten wollte, wählte ich die mir am pragmatischsten erscheinende Lösung. Ich rüstete den Pferdestall so um, dass Schatzi sich wohlfühlen konnte. Baute mit einer Kiste und Heu ein Legenest, holte Wasser und Futtertöpfe und siedelte Schatzi mitsamt Eiern um.

Das war ein Geschrei, kann ich euch sagen. Hahn Giovanni fing wie verrückt an zu krähen, weil ich ihm seine Lieblingsfrau raubte, und Schatzi schrie verzweifelt zurück, als hätte ihr letztes Stündlein geschlagen. Mann …

Die Umsiedlung dauerte keine vier Minuten, aber ich war mit den Nerven am Ende. Denn obwohl die angebrüteten Eier nun in dem gemütlichen neuen Legenest im Pferdestall lagen, machte Schatzi keine Anstalten, sich wieder draufzusetzen. Sie flatterte im Stalle hin und her, schrie nach Giovanni. Dieser antwortete und ich stand ziemlich verzweifelt dazwischen.

Dann kam mir eine Idee. Ich holte den Transportkäfig, den ich von Bernd Eggers bekommen hatte, legte die Eier hinein, setzte Schatzi gegen ihren Willen drauf und schloss den Deckel. Jetzt MUSSTE sie brüten. Aber sie wollte nicht und wirkte so verzweifelt, dass ich mir das nach einer Stunde Theater nicht mehr ansehen konnte und sie zurücktrug in den kleinen Gemeinschaftsstall – mitsamt den Eiern. Sofort war wieder Ruhe. Giovanni hörte auf zu krähen, Schatzi hörte auf zu schreien und brütete weiter – als wäre nichts gewesen.

Gut, dachte ich, dann willst du wohl hierbleiben. Nichts mit Separieren. So sei es denn. Schatzi ließ die Küken also im Gemeinschaftslegenest schlüpfen, hatte sich in der Zwischenzeit noch sechs weitere Eier dazugeholt und wirkte glücklich und zufrieden. Auch dies zeigt: Entspannt euch. Ihr müsst nicht eingreifen und in Aktionismus verfallen, so wie ich es getan habe. Die Hühner schaffen das alles ganz allein.

NATURBRUT – EIN SELTEN GEWORDENES WUNDER!

Mehr als 90 Prozent der Küken weltweit, so schätzen die Experten, entstehen mittlerweile in künstlichen Brutapparaten. Die »Naturbrut« ist selten geworden, weil sie nicht effizient genug ist. Denn die Glucke legt in der Zeit, während sie brütet, kein weiteres Ei. Auch Züchter greifen in der Regel auf Brutapparate zurück, um Nachwuchs zu zeugen. Der Entwicklungsprozess der Küken lässt sich einfach besser überwachen, wenn keine zu allem entschlossene Henne auf den Eiern sitzt, die ihre Brut verteidigt, als ginge es um die Erhaltung ihrer ganzen Art. Aber es ist einfach schade um dieses Wunder der Natur, finde ich. Denn es wird euch mit Glücksgefühl fluten, wenn ihr beobachten könnt, wie liebevoll und fürsorglich eine Henne ihre Küken pflegt, beschützt und erzieht.

Meine Dresdner Henne Schimmel war den fremden Araucana-Küken eine liebevolle Ammenmutter.

WIE IHR INS BRUTEI REINGUCKEN KÖNNT

Aber vor dem Schlüpfen kommt das Brüten und dabei ist Schwund vorprogrammiert. Auch wenn eine Henne den Brutvorgang mit zehn Eiern beginnt, werden im Normalfall nicht zehn Küken entstehen. Erstens wird nicht jedes Ei auch tatsächlich befruchtet sein, zweitens kann es passieren, dass Küken sich im Ei nicht richtig entwickeln, und drittens kann auch beim Schlüpfen selbst noch einiges schiefgehen.

Wie aus dem Bilderbuch: Gäbe es einen Schönheitswettbewerb für Küken, hätte dieser kleine Dresdner sicher einen Preis abgesahnt.

»Beim Schieren könnt ihr unbefruchtete Eier und tote Küken erkennen und aussortieren. Müsst ihr aber nicht.«

Wenn ihr es ein bisschen genauer wissen wollt, könntet ihr die Eier zwischenzeitlich kontrollieren. Dafür braucht ihr eine starke Taschenlampe oder extra eine »Schierlampe«, die es für kleines Geld zu kaufen gibt. Wenn die Glucke ihr Nest zur Nahrungsaufnahme und Toilette kurz verlässt, könnt ihr die Eier vorsichtig (Nicht drehen! Nicht schütteln!) aus dem Nest nehmen und in einem abgedunkelten Raum über die Schier- oder vor die Taschenlampe halten: Schon am fünften Tag lassen sich die zarten Blutgefäße des zukünftigen Hühnchens wie ein rotes Netz erkennen – möglicherweise seht ihr sogar schon das kleine Herz schlagen.

Wenn im Ei gar nichts zu erkennen ist, markiert es vorsichtig mit einem Stift und schaut ein paar Tage später noch einmal nach. Wenn dann immer noch nichts zu sehen ist, war das Ei wahrscheinlich doch nicht befruchtet. Ihr könnt es dann, ohne deswegen ein schlechtes Gewissen zu haben, aus dem Legenest nehmen.

Am 15. Tag ist es Zeit für die zweite und letzte Kontrolle: Jetzt sollte sich das Küken im Gegenlicht der Lampe schon deutlich im Ei abzeichnen. Wenn ihr dagegen einen Blutring seht oder das Gewebe im Inneren extrem dunkel erscheint, ist das Küken sehr wahrscheinlich gestorben. Bevor es Gase entwickelt, die die anderen schädigen, könnt ihr das Ei so aussortieren.

Ich muss zugeben: Ich habe bei keiner Naturbrut in meinem Garten geschiert und hatte trotzdem am Ende zehn gesunde Küken von drei gluckenden Hennen, die ihre Naturbrut auch ohne mein Eingreifen perfekt gemeistert haben. Es kann natürlich sein, dass ihr dann auch mal etwas halb Entwickeltes, Totes im Nest findet. Nehmt es einfach schnell raus und denkt nicht weiter darüber nach. Hühner warten auch deshalb mit dem Brüten, bis sie etwa zehn Eier zusammenhaben, weil schon vorher klar ist, dass nur aus wenigen davon tatsächlich Küken schlüpfen werden. Die Natur hat das nicht umsonst alles so eingerichtet …

7 FAKTEN ZUR NATURBRUT

1. Die Lust einer Henne, Mutter zu werden, hat nichts mit vorherigem Geschlechtsverkehr mit dem Hahn zu tun. Der Bruttrieb ist bei Hühnern angeboren – oder eben nicht.

2. Küken können nur aus befruchteten Eiern schlüpfen. Ihr braucht aber nicht zwingend einen Hahn, um Küken aufwachsen zu sehen. Ihr könnt euch auch sogenannte Bruteier besorgen und diese von einer eurer Hennen ausbrüten lassen.

3. Eine Glucke sammelt zunächst etwa zehn Eier in ihrem Legenest. Erst dann sitzt sie 21 Tage auf den Eiern. Sie verlässt das Nest in dieser Zeit immer nur kurz, um zu fressen, zu trinken, auf die Toilette zu gehen und ein schnelles Sandbad zu nehmen.

4. In der Zeit des Brütens wirkt die Henne abwesend, fast wie in Trance. Das ist richtig so, denn sie verfällt in die »Brutstarre«. Ansonsten wäre das ganze Prozedere wahrscheinlich auch schlicht zu langweilig für sie.

5. Einmal am Tag wendet beziehungsweise dreht die Glucke die Eier. Das ist wichtig für die Entwicklung der Küken. Ihr solltet in der gesamten Zeit nicht unnötig an den Eiern herumfrickeln, sonst stört ihr das System.

6. Eine Glucke brütet auch fremde Eier aus. Genauso wie sie sich die abgelegten Eier der Herdenfreundinnen in ihr eigenes Nest holt, nimmt sie ohne Murren auch Bruteier anderer Rassen an.

7. Nach 19 bis 21 Tagen schlüpfen die Küken – selbstständig und ohne dass die Glucke nachhilft. Am Anfang sind sie noch recht hilflos, aber sie werden viel schneller groß, als euch lieb sein wird. Denn nichts ist schöner, als den kleinen flauschigen Bällchen beim Erkunden der Welt und dem Besuch der Kükenschule zuzusehen – bis sie nach etwa acht bis 16 Wochen auf eigenen Füßen stehen.

Ein Küken der »Flauschigen Vier« – geschlüpft in meinem Garten. Unwiderstehlich, oder?

DER TAG DES SCHLUPFES

Als bei Schatzi der 21. Tag, der Tag des Schlupfes, näher rückte, war ich unglaublich aufgeregt. Ich lief ständig rüber zum Stall, um zu gucken, ob dort schon Küken zu sehen waren.

Statt flauschiger Küken fiel mir aber zunächst nur eine Veränderung an Schatzi auf. Sie wirkte nicht mehr so abwesend und in Trance, wie sie es während der Brutstarre getan hatte. Der grenzdebile Blick war einem aufmerksamen Hin-und-Her-Schauen gewichen. Ich hatte fast das Gefühl, sie guckte verwundert. Vielleicht war sie es auch. Denn unter ihr spielte sich gerade einiges ab: Ich hörte nämlich ein zartes Piepsen aus dem Nest dringen, auf dem sie immer noch brettelbreit saß – und da Schatzi zum ersten Mal Mama wurde, könnte ich mir vorstellen, dass sie das auch alles ziemlich verwunderlich fand.

Interessanterweise führten ihre Instinkte sie aber wie an einem roten Faden durch den ganzen Prozess. Bei anderen Glucken miterlebt hatte sie das vorher jedenfalls nicht: Bei ihrem Züchter Bernd Eggers gab es keine Naturbruten, da er ausschließlich mit künstlichen Brutapparaten arbeitete.

Einen Tag später – ich brachte Schatzi gerade ein Schälchen mit geraspelten Möhren, weil die Zeit der Brut für eine Henne sehr kräftezehrend ist – lugte plötzlich ein kleines gelbes Köpfchen unter Schatzis Flügel heraus. Nummer 1 der »Flauschigen Vier« traute sich in meine Richtung. Und kurz danach kam auch Nummer 2 herausgelaufen. Ich war überwältigt. Ich konnte einfach nicht glauben, dass so endflauschige Küken entstanden waren. Dass sich so ein kleines Wunder tatsächlich in meinem Garten abgespielt hatte.

Am Ende konnte ich mich sogar über vier Küken freuen, die kurze Zeit später schon den Arbeitstitel »Die flauschigen Vier« trugen. Und wie neugierig sie waren. Immer wenn ich zum Stall kam und mich dem Legenest näherte, wühlten sie sich unter ihrer Mutter hervor, um zu sehen, was ich nun wieder Leckeres für sie mitgebracht hatte. In den ersten Lebenstagen verwöhnte ich die Küken nämlich nach Strich und Faden und das tat ihnen sichtlich gut. Denn während die Küken in den ersten 24 Stunden nach ihrem Schlupf noch durch das Eidotter versorgt sind, das ihnen von der Mutter im Ei mitgegeben wurde, kommt an Tag 2 der Hunger auf. Und Durst.

Ich konnte bei meinem dritten Rasselbanden-Schlupf tatsächlich beobachten, wie ein zwei Tage altes Küken immer an der noch brütenden Mama hochsprang und vermeintlich versuchte, in ihr Auge zu hacken. Ich ahnte damals schon, was der Grund war, und eine Recherche in der Fachliteratur gab mir recht: Das Küken hatte schrecklichen Durst und hatte die feuchten Augen der Mama mit Wasser verwechselt. Die Mama fand das natürlich nicht so witzig, zumal das Küken zunehmend renitenter wurde. Es sprang immer wieder hoch am Hals der Mutter und hing zwischenzeitlich tatsächlich mit dem Schnabel an ihrem Kehllappen, um sich hochzuziehen. Der brütenden Mama, die in den Stunden des Schlupfes für eine konstante Temperatur sorgen muss, blieb nichts anderes übrig, als den Kopf immer hin und her zu werfen, um den Frechdachs so irgendwie abzuschütteln. Erst als ich ihn mir schnappte und in die Petrischale mit Wasser setzte, ließ er ab von seiner Mama, die meine Hilfe in diesem Fall gerne zuließ. »Kleiner Rotzlöffel«, wird sie wohl gedacht haben. Ich dachte: »Pragmatischer kleiner Kerl.«

Aus dieser wahren Geschichte heraus möchte ich einen Tipp formulieren: Stellt am besten schon am errechneten Tag des Schlupfes drei flache Schälchen neben die brütende Mama. Eins mit normalem Hühnerfutter für die entkräftete Glucke, eins mit Kükenmehl für die Kleinen und ein drittes mit Wasser. Wenn ihr die Kleinen dann tatsächlich sehen könnt, sie also rauskommen, wenn sie euch hören, könntet ihr auch noch einen »Welcome-Snack« (Rezept Seite 167) kredenzen, über den auch Schatzi sich freute, denn jetzt ging es ja erst richtig los: mit der Erziehung der Rasselbande.

Schon nach wenigen Tagen führte Schatzi die Küken durch den Auslauf.

DAS RICHTIGE FUTTER FÜR KLEIN, MITTELGROSS UND GROSS

Hühner essen im Grunde alles. Küchenabfälle und Essensreste sind ihnen ebenso willkommen wie die Körner-Fertigmischungen vom landwirtschaftlichen Futtermittelhändler. Ich bin diesbezüglich wahrscheinlich wählerischer, als es die Hühner selbst wären. Verdorbene und stark gewürzte Speisen, Fleischabfälle oder gar Reste vom Katzenfutter bekommen sie bei mir ausdrücklich nicht. Ich setze auf die Körner-Fertigmischungen, auf Salat, Obst und Grünschnitt aus der Küche und auf zerkleinerte Möhren. Auf Letztere sind sie förmlich verrückt. Sie lieben sie!

Auf dem Futtermittelmarkt gibt es natürlich auch noch verschiedenartigste Zusatz-, Mineral- und Vitaminprodukte, die ihr zusätzlich kredenzen könnt.

Für Küken gibt es spezielles Futter. Die meisten wollen aber schon recht früh dasselbe wie Mama-Huhn.

Wirklich nötig ist vor allem eins: ein Schälchen mit Futter, das Kalk für die Eierschalenproduktion liefert. Es gibt zum Beispiel zerkleinerte Muschelschalen oder sehr feinkörnigen Kalkgrit – am besten, ihr probiert einfach aus, was eure Hühner am liebsten essen.

Für den Nachwuchs solltet ihr spezielles Kükenfutter bereithalten. Für die ersten Lebenstage gibt es sogenanntes Kükenmehl, das aussieht wie Paniermehl und das ihr den Kleinen in einer flachen Schale neben das Nest stellen solltet – immer in Kombination mit einem Schälchen Wasser. Der nächste Schritt ist Kükenfutter, also kleinere gepresste Pellets, die alles enthalten, was ein Küken zur Entwicklung braucht.

In den ersten Lebenstagen gebe ich meinen Küken gern hart gekochtes Ei mit Brennnesseln oder den Welcome Snack.

INFO

SELBST GEMACHTES KÜKENFUTTER

Was Küken ganz toll finden, und zwar alle, ist dieser selbst gemachte Welcome Snack.

Zutaten:
1 gepelltes hart gekochtes Ei • Möhre • Löwenzahn und Brennnesselblätter aus dem Garten

Zubereitung:
Ihr hackt alles klein, vermischt es miteinander und serviert es den Küken in einem flachen Schälchen. Sie werden ausflippen vor Freude. Und ihre Mama wird begeistert mitfuttern. Das ist auch gut, denn sie ist von der langen Brutzeit ziemlich entkräftet. Ach ja, und mit Liebe servieren natürlich!

Ich habe festgestellt, dass der Nachwuchs dieses Kükenfutter gern schon früher zu sich nehmen will, als auf der Verpackung angegeben. Das hat wahrscheinlich einen einfachen Grund: Küken machen ihrer Mutter alles nach. Und weil die sich sowohl über das Kükenmehl als auch über die -pellets hermacht, tun die Küken selbiges. Weil die Mutter nach spätestens einer Woche anfängt, den Nachwuchs durchs Gehege zu führen, wird dieser auch bald das Erwachsenenfutter, die Alleinfutter-Körnermischung, kennenlernen und probieren.

Mein Tipp: Macht euch nicht verrückt. Wenn die frisch Geschlüpften »Steak« essen wollen (also das Erwachsenen-Körnerfutter), dann ist das eben so. Ich habe bei zehn verschiedenen Küken von drei verschiedenen Müttern erlebt, dass sie schon selbst wissen, was ihnen guttut. In der freien Wildbahn rennt ja auch nicht ständig ein Mensch mit der Petrischale hinter ihnen her und liest ihnen Gebrauchsanweisungen vor, die den jeweiligen Lebenstagen ein spezielles Futter zuordnen.

DIE KÜKENSCHULE

Küken lernen nicht nur, indem sie beiläufig alles nachmachen, was ihre Mutter ihnen vormacht. Die Hühner-Mama veranstaltet mit ihnen eine regelrechte Kükenschule. Und es ist rührend, sie dabei zu beobachten.

Anfangs wird die Henne das Nest mit ihren Küken noch nicht verlassen, damit sie sicher sein kann, dass nicht noch ein Nachzügler schlüpft – und natürlich auch damit ihre kleine Rasselbande stark genug ist, den ersten Spaziergang draußen zu meistern. Ihr werdet beobachten, dass die Küken in den ersten zwei bis drei Tagen fast ständig unter der Mutter sitzen und nur zum Trinken und Essen herauskommen. Danach erweitert sich ihr Radius jeden Tag ein bisschen und sie laufen auch schon mal im Stall herum. An Tag fünf bis sechs geht es dann los: Mama Huhn »führt« die Flausch-

Ist es nicht herrlich, wie Schatzi hier mit ihren Rackern schimpft. Und wie die beiden dastehen: wie begossene Pudel.

Ob Giovanni den Küken wirklich zu nah kam oder nur mal gucken wollte? Egal, Schatzi scheint zu allem bereit.

Mich persönlich hat immer am meisten beeindruckt, wie die Mutter-Henne ihre Küken verteidigt. Mit ihrem Leben. Selbst wenn sie es dafür mit einer ranghöheren Henne oder dem Hahn selbst aufnehmen muss. Ich habe beobachtet, wie Schatzi zur Löwin wurde, sich aufplusterte und vor dem drohenden Giovanni nicht einen Zentimeter zurückwich, als der sich den Küken einmal so ein bisschen scheel nähern wollte. Diesen Moment konnten wir glücklicherweise per Foto einfangen. Ihr seht es hier auf der Seite.

bälle nach draußen in die große weite Welt und zeigt ihnen dort alles, was sie wissen müssen. Sie ruft sie herbei, wenn sie einen Wurm sieht, und macht ihnen vor, wie sie danach scharren müssen. Sie zeigt ihnen Pfützen und die Wassertränke, damit die Kleinen immer wissen, wo sie trinken können. Sie bringt ihnen bei, wie Körperpflege funktioniert, indem sie mit ihnen sandbaden geht. In der Dämmerung führt sie sie dann zurück in den Stall und nimmt sie zum Wärmen wieder unter ihre Fittiche, ehe sie sie am nächsten Morgen für neue Abenteuer wieder nach draußen bringt.

Und sie kann schimpfen! Wenn die Küken sich zu weit entfernen und auf ihr Rufen nicht reagieren, wird sie richtig böse mit ihnen. Aber nachtragend ist sie nie: Sobald ein Küken sich beim Abenteuer-Erleben etwas übernommen hat oder es regnet, nimmt sie es schützend unter ihren Körper. Denn nass werden sollten Küken erst, wenn sie voll befiedert sind. Der anfängliche Flaum ist sozusagen nicht wasserdicht. Und Goretex-Jäckchen für Küken habe ich noch nicht gesehen.

»Für ihre Brut geben Hühner-Mütter alles. Wenn es sein muss, legen sie sich sogar mit dem Boss der Herde an.«

Und es gibt noch ein Foto, bei dem ich so froh bin, dass wir im richtigen Moment die Kamera zur Hand hatten: Ihr seht es links und es zeigt, wie Schatzi schimpft. Die beiden Küken hatten nicht auf ihr Zurückrufen reagiert. Zauberhafte Aufnahme, oder?

Apropos »Zurückrufen«: Ihr werdet recht schnell feststellen, dass Hühner über ein sehr ausgeprägtes Kommunikationsverhalten verfügen. Sie kommunizieren nonverbal, also mithilfe von Körpersprache, aber auch durch die verschiedensten Laute. Vor allem im Umgang mit den Küken werdet ihr große Unterschiede feststellen, und wenn ihr eure gefiederten Freunde regelmäßig beobachtet, werdet ihr mit der Zeit lernen, die Codes zu entschlüsseln.

Dank Bruteiern ist mein Traum vom kunterbunten Gehege Wirklichkeit geworden.

DIVERSITY IM HÜHNERGEHEGE

In meinem ersten Jahr als Hühner-Herbergsmutter hatte ich gleich mehrfach Nachwuchs. Vor dem Hintergrund, dass ich mir mit den Dresdnern extra Hühner ausgesucht hatte, die nicht so gern brüten, ist das schon ein bisschen lustig. Und ich darf euch verraten, dass ich zwischenzeitlich dachte, das Projekt gerät komplett außer Kontrolle.

Denn schon drei Monate nach dem Einzug der kleinen Gruppe von vier Hennen, die ja schon gegen meine ursprüngliche Planung mit einem Hahn erweitert worden war, hatte ich insgesamt 15 Hühner: Schatzi zog die »Flauschigen Vier« groß, bei Schimmel schlüpften »Die drei Grauen« und Rachel wurde ebenfalls #Momof3.

Wobei ich an diesem Kükenglück nicht ganz unschuldig war. Ich hätte es nämlich verhindern können, indem ich den Damen die Eier einfach immer wieder weggenommen hätte. Ich hätte ihnen auch Gipseier unterjubeln können, damit kein weiterer Nachwuchs entsteht. Ich hätte es vielleicht sogar ausdiskutieren können, aber ich wollte nicht.

Nachdem ich das Wunder der »Flauschigen Vier« miterlebt hatte und sah, dass nun auch Schimmel und Rachel Muttergefühle entwickelten, habe ich ihnen dieses Glück schlichtweg gegönnt. Schimmel brütete allerdings auf nur einem einzigen Ei und Rachel saß sogar auf KEINEM Ei, verteidigte dieses aber mit ihrem Leben. Irgendwie hatte Schatzi sie wohl inspiriert.

Was also tun? Ich hätte den beiden Eier der anderen Hühner zum Ausbrüten geben können, ich hätte ihnen sogar einige der Eier, die ich schon vor Tagen zu mir in die Küche geholt hatte, zum Brüten zurückgeben können, aber ich hatte eine andere Idee. Und diese Idee hieß DIVERSITY.

Ich entschied mich, Bruteier von andern Hühnerrassen zu besorgen, damit Vielfalt in meinen Garten einzieht. Die Idee sehr individueller, jeweils anders aussehender Hühner fand ich plötzlich unwiderstehlich und ich wollte mir auch den Traum erfüllen, morgens verschiedenfarbige Eier auf dem Frühstückstisch zu haben.

Also besorgte ich Bruteier von den Hühnerrassen, die ich von Anfang an gerne in meinem Garten gehabt hätte: Schimmel bekam zehn türkisfarbene Bruteier von Araucana-Hennen zum Brüten und für Rachel hatte ich zehn schokoladenfarbige Eier von Barnevelder-Hennen und Bruteier von Wyandotten bestellt.

Und tatsächlich. Die beiden nahmen die fremden Bruteier nicht nur sofort sehr glücklich an, sie brüteten sie auch mit Inbrunst aus und führten danach völlig anders aussehende hellgraue und schwarz-weiß gemusterte Küken durchs Gehege. Und keiner der Erwachsenen nahm Anstoß daran.

Aufgefallen ist mir allerdings, dass sowohl Rachel als auch Schimmel die Küken viel länger bemutterten, als Schatzi dies bei den Dresdnern getan hatte. Ob es daran lag, dass sie instinktiv noch auf den Wechsel der Federfarbe warteten? Weil die sich bei den Dresdnern von Gelb zu Braun verändert, wenn die Küken erwachsen werden?

Wie auch immer: Jetzt ist mein Gehege so, wie ich es mir vorgestellt hatte. Nicht nur fröhlich, sondern auch bunt. Es lebe die Diversity!

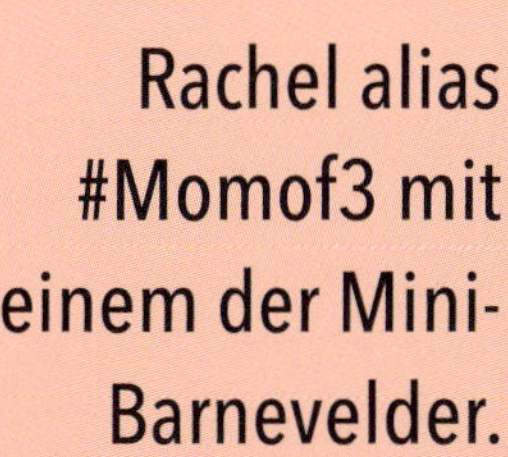

Rachel alias #Momof3 mit einem der Mini-Barnevelder.

HERDENVERHALTEN UND HACKORDNUNG

Hier sieht man gleich, wer das Sagen hat – zumindest scheint niemand Giovanni das Futter streitig machen zu wollen.

Hühner zeigen ein ausgeprägtes Herdenverhalten. Bei ihnen gibt es eine ganz klare »Hackordnung«, in der jedes Huhn einen bestimmten Platz in der Gruppe hat. Der Chef ist der Hahn. Dann kommt – bei einer Herde mit nur einem Hahn – die dominanteste Henne. Sie ist nicht selten auch die »Lieblingsfrau« des Hahns. In meinem Gehege ist das Schatzi. Die anderen Hühner reihen sich dann in die Rangfolge ein.

Für die letzte in der Rangordnung ist es nicht so schön. Sie muss immer weichen, wenn ein ranghöheres Tier sich nähert, muss sofort den Futterplatz räumen und ist nicht selten sogar Mobbing ausgesetzt. Solange es dabei aber keine ernsthaften Verletzungen gibt, ist das normal. Ein Hühnergehege ist eben keine Waldorfschule.

Nicht immer sind die Hühner mit ihrer Position einverstanden und so lassen sich durchaus Kämpfe beobachten, bei denen zwei ähnlich dominante Hühner (oft sind es die Hähne) klären, wem die ranghöhere Stufe zusteht und wer sich in Zukunft unterordnen muss.

Bei den beiden Hähnen der »Flauschigen Vier« fanden diese Kämpfe schon nach wenigen Wochen statt. Die zwei hatten gerade erst ihr Federkleid bekommen, da gingen sie schon erbarmungslos aufeinander los. Zwei Tage lang kämpften sie immer wieder miteinander, beide hatten schon blutige Blessuren auf dem Kopf. Aber dann war offenbar klar, wer der Chef war.

Seitdem ist Ruhe – zumindest an dieser Front. Denn in Hühnergruppen gibt es immer mal wieder Gezänk und Gegacker. Was allerdings nie passieren darf, ist Gezänk mit euch. Ihr müsst unter allen Umständen verhindern, dass der Hahn euch als Gruppenmitglied betrachtet, das es zu unterwerfen gilt. Mein Giovanni hat das noch nie versucht, aber meine Nachbarin hat sich bereits von zwei Hähnen trennen müssen, weil sie angegriffen wurde. Und das ist dann nicht schön.

Deshalb mein Rat: Sollte sich euer Hahn euch gegenüber ähnlich verhalten wie gegenüber seinen Hennen – also trampelt er vor euch auf der Stelle und macht Drohgebärden –, dann schreitet sofort ein. Ihr müsst ihn deswegen auf keinen Fall anschreien (das muss man bei keinem Tier), sondern ihm einfach in »seiner« Sprache ruhig, aber bestimmt antworten. Macht ihm klar, dass ihr die Herdenführer seid und er sich unterordnen muss. Geht dazu ruhig auf ihn zu und sorgt dafür, dass er weicht. Er muss weggehen, wenn ihr kommt. IHR entscheidet, welche Henne von euch zuerst gefüttert wird, nicht er. Und ihr entscheidet auch, ob und wann er auch etwas bekommt. Und darauf solltet ihr immer bestehen, wenn ihr das Gehege betretet. Weicht niemals vor dem Hahn.

Falls euch euer Hahn doch mal angreifen sollte, verlasst auf keinen Fall fluchtartig das Gehege. Dann hat er gewonnen und denkt, ihr ordnet euch ab jetzt unter. Packt ihn euch vorsichtig, aber bestimmt und drückt ihn konsequent auf den Boden. Nicht zu fest, es soll ihm nicht wehtun. Er soll nur kurz bewegungsunfähig sein. Spätestens dann akzeptiert er euch. Aber keine Sorge: Ihr braucht nicht ständig den wilden Kerl raushängen lassen. Wenn ihr ab zu dafür sorgt, dass er vor euch zur Seite weicht, seid ihr immer auf der sicheren Seite. Nachbars Lumpi ist gefährlicher als ein Hahn.

- In jeder Hühnerherde gibt es eine Rangordnung – mit einem Anführer und einem »Schlusslicht«.
- Manchmal testen Hähne ihre Dominanz. Das ist völlig natürlich und kein Affront. Seid ruhig, aber konsequent und stellt klar, wer der Boss ist: ihr!
- Ob sich Hähne untereinander verstehen, hängt auch von der Rasse ab. Es gibt friedliche Exemplare und solche, die keinen Nebenbuhler dulden. Passt auf bei der Auswahl.

Trouble war ein Nachzügler, aber einer mit dem Herz eines Löwen.

DER KLEINE TROUBLE

Zum Abschluss möchte ich euch noch kurz von »Trouble« erzählen, der sich einen ganz besonderen Platz in meinem Herzen gesichert hat, weil er es fast nicht geschafft hätte.

Trouble wurde von Rachel ausgebrütet. Ihr erinnert euch? Ich hatte ihr, als sie das »Gluckenfieber« packte, Bruteier von Barneveldern untergeschoben. Aus den zehn Eiern schlüpften insgesamt drei Küken. Aber Trouble schlüpfte ganze drei Tage später als die beiden anderen – eine Ewigkeit in einem Kükenleben. Ich weiß das so genau, weil ich Rachel und ihre beiden schwarzweiß gemusterten Flauschis an Tag drei in einen anderen Stall gesetzt hatte. In der Zwischenzeit hatte ich nämlich einen ebenerdigen Gluckenstall gebaut, von dem aus die Küken besser ins Freie geführt werden konnten.

Beim Umzug waren da eine Henne, zwei Küken und noch acht Eier. Einen Tag später guckte aber plötzlich auch Trouble aus dem Gefieder seiner Mutter. Er war gerade erst geschlüpft. Doch weil seine Geschwister bereits Freiheitsdrang verspürten, musste er schon nach wenigen Stunden mit raus. Er hatte noch Schwierigkeiten, sein Gleichgewicht zu finden, und wankte unsicher hinterher. Er konnte gar nicht Schritt halten und machte mir deshalb große Sorgen. Einmal beobachtete ich, wie er verzweifelt seiner Mutter hinterherlief und ganz froh war, dass sie plötzlich anhielt, um nach Würmern zu kratzen. Er stand dann jedoch so dicht hinter ihr, dass er durch den aufgewirbelten Sand geradezu umgeweht wurde. Und immer wenn er sich wieder berappelt und es geschafft hatte aufzustehen in dem kleinen Sandsturm, kam ein neuer Schwall Erde in seine Richtung geflogen und er lag wieder am Boden. Erst im vierten Anlauf stand er wieder und schon musste er weiter, denn Mama Rachel und die Geschwister liefen zur nächsten Futter- und Buddelstelle. Ihr könnt euch vielleicht vorstellen, mit welchen Gefühlen ich das beobachtete: Ich überlegte tatsächlich, ihn zu mir ins Haus zu holen, um ihn unter die Wärmelampe setzen zu können, damit er sich in aller Ruhe noch besser entwickeln könnte.

Und dann passierte auch noch das: Ich wollte um die Mittagszeit gerade die Tränke im Stall kontrollieren, als ich sah, dass Trouble neben das kleine Treppchen des Stalls gerutscht war und dort nicht wieder herauskam. Er war schon völlig entkräftet und gab keinen Pieps mehr von sich. Ich holte ihn sofort da raus und dachte schon, jetzt würde er sterben. Aber dann regten sich seine Lebensgeister doch noch. Ich gab ihm Wasser und eine Extraportion meines Welcome Snacks und siehe da, er kam tatsächlich wieder zu Kräften. Ich wusste damals sofort: Das ist ein Kämpfer! Also nahm ich ihn seiner Mutter nicht weg, gab ihm aber immer wieder Extraportionen zu essen. Und tatsächlich: Trouble zeigte sein Löwenherz. Er war kleiner als die anderen, er war schwächer und langsamer, aber er versuchte dranzubleiben. Einmal beobachtete ich, wie er sich der falschen Mutterhenne anschloss, die sofort wütend und abweisend nach ihm pickte. Aber nach einer kurzen Irritation fand er Rachel doch wieder und hielt sich an seine Geschwister.

Jetzt ist Trouble schon fast erwachsen und genauso groß wie die anderen. Aber ich schaue immer noch vor allem nach ihm, wenn ich das Hühnergehege betrete. Irgendwie ist aus mir auch eine kleine Glucke geworden. Aber eine glückliche!

Typisch Trouble: immer einen Schritt hinter den anderen.

DIE WELT DER EXPERTEN: ZU BESUCH BEI HÜHNERZÜCHTER BERND EGGERS

Bisher habt ihr einiges über Hobby-Hühnerhaltung im eigenen Garten erfahren, aber zum Abschluss möchte ich euch noch einen kurzen Einblick in die Welt eines echten Profis geben – in die Welt von Bernd Eggers, den ihr schon auf den vorherigen Seiten kennengelernt habt, denn er hat mir meine Dresdner Hühner verkauft. Bernd Eggers züchtet diese Rasse erfolgreich und hoch dekoriert, hat eine Stallanlage, die aus 17 Einzelställen zum Separieren der Hähne und Zuchtstämme besteht, und ist Vorsitzender des Geflügelzuchtvereins Vierlandria von 1903 e. V.

HERR EGGERS, WIE KOMMT MAN DARAUF PROFESSIONELL HÜHNER ZU ZÜCHTEN?

Das ist einfach eine schöne Beschäftigung. Man will ja was zu tun haben. Früher habe ich Kaninchen gezüchtet, aber die jungen Leute essen das heute nicht mehr und dann konnte ich die Kaninchen immer schlechter vermarkten. Da lohnt sich die ganze Arbeit einfach nicht.

WIE VIEL MEHRARBEIT IST DAS PROFESSIONELLE HÜHNERZÜCHTEN DENN IM VERGLEICH ZUM HOMEFARMING?

Das ist schon einiges mehr. Das fängt mit dem Beringen an. Wenn man professionell züchtet und Ausstellungen besucht, müssen die Hühner einen Ring am Fuß tragen. Dann muss man ständig beobachten, wie sie sich entwickeln: Wie stehen sie, wie ist ihre Haltung, wie das Gefieder? Auch mal die Flügel ausbreiten, die Federn untersuchen, denn die Dresdner dürfen dort keine unterschiedlichen Farben haben. Das gibt Minuspunkte. Und man muss immer wieder aussortieren: Die Guten kommen bei mir in einen Extrastall. Wenn Sie privat Hühner halten, laufen die ja einfach so mit.

DAS STIMMT. WIE VIEL ZEIT INVESTIEREN SIE DENN DAFÜR UNGEFÄHR PRO TAG?

So eine bis anderthalb Stunden. Wenn ich alle 14 Tage die Ställe miste, bin ich den ganzen Tag beschäftigt. Und an der Stallanlage habe ich drei Jahre gearbeitet. Ich habe alles selbst ausgetüftelt und gebaut.

UND ZWAR MIT ERFOLG. IHRE TIERE GEWINNEN PREISE. WAS SIND DENN DIE KRITERIEN FÜR EIN PREISWÜRDIGES HUHN? ICH PERSÖNLICH FINDE MITTLERWEILE EIGENTLICH FAST JEDES HUHN HÜBSCH …
Die Haltung beziehungsweise der Stand werden beurteilt: Wie steht das Tier in seinem Käfig? Lässt es die Flügel hängen oder steht es aufrecht? Die Oberlinie ist wichtig. Und die Farbe des Gefieders, der Augen und Beine muss einem bestimmten Rassestandard entsprechen. Ihr Giovanni hat zum Beispiel 96 von 97 möglichen Punkten bekommen. »Hochfein in allen Rassemerkmalen.« Nur die Kopfbehängung hätte »eine Idee feiner im Abschluss« sein können, fanden die Preisrichter. Er hat deshalb nur die Note »hervorragend« bekommen und nicht »vorzüglich«. Einen Pokal gab es trotzdem, also in diesem Fall ein Band.

GIOVANNI IST EIN SCHÖNHEITSKÖNIG? WARUM HABEN SIE IHN MIR MITGEGEBEN, WENN ER SO EIN TOLLER ZUCHTHAHN IST?
Weil ich noch bessere habe.

Bernd Eggers' Pokalsammlung kann sich sehen lassen. Auch mit meinem Giovanni hat er einen Preis gewonnen.

In einem »professionellen« Stall wie dem von Bernd Eggers schlüpfen natürlich viel öfter Küken – und es gibt viel mehr junge Hennen.

ACH SO, JA. UND WERDEN NUR HÄHNE PRÄMIERT ODER AUCH HENNEN?
Beides. Wenn ich zum Beispiel nach Hannover auf eine Ausstellung fahre, werden erst alle Hähne gezeigt und dann die Hennen. Damit die Preisrichter nicht merken, oh, jetzt kommen erst mal nur die Tiere von Züchter xy. Das ist dann gerechter. Da geht's ja auch um was. Es gibt Konkurrenz unter den Züchtern. Das ist wie bei verschiedenen Fußballvereinen.

WENN EIN HUHN EINE GUTE BEWERTUNG HAT, STEIGT ES DANN IM WERT?
Ja, natürlich. Ein gutes Vererber-Huhn bringt so 70 bis 80 Euro. Wenn es zumindest mal auf einer Ausstellung war, kostet es nicht unter 30 Euro. Denn das sind ja alles schon besonders schöne Tiere, in die viel Arbeit reingesteckt wurde.

→

In diesem beheizten Kunstbrutkasten lässt Bernd Eggers seine Schönheitsköniginnen und Prachtkerle schlüpfen.

UND WIE BEREITEN SIE DIE TIERE AUF SO EINEN WETTBEWERB VOR?

Bei Ausstellungen setzen wir sie drei bis vier Tage vorher in den Käfig und holen sie zwischendurch immer mal wieder raus. Damit sie keinen Stress haben, denn das gibt Minuspunkte. Die Preisrichter nehmen die Hühner ja auch aus dem Käfig und drehen und wenden sie, um alles genau beurteilen zu können. Daran muss man sie gewöhnen. Anfangs sind sie nämlich recht wild im Käfig.

ALSO MEINE HÜHNER WAREN IN IHRER TRANSPORTBOX SO MUCKSMÄUSCHENSTILL, DASS ICH DACHTE, SIE WÄREN TOT.

Ja, weil die das kennen. Die dachten, es geht zur Ausstellung, und haben sich deshalb direkt von ihrer besten Seite gezeigt. (lacht)

GIBT ES EIGENTLICH AUCH HAUPTBERUFLICHE HÜHNERZÜCHTER? UND WIE HOCH IST DER FRAUENANTEIL?

Nein, davon kann man nicht leben, das ist bei uns allen nur Nebenerwerb. Der Frauenanteil liegt bei etwa 30 bis 40 Prozent und steigt seit einigen Jahren. Aber wir haben Nachwuchsprobleme: In ganz Hamburg gibt es nur einen einzigen Jungzüchter, der in seiner Altersklasse deshalb immer alle Preise abräumt.

DAS KANN JA AUCH EIN ERFOLGSREZEPT SEIN. WARUM HABEN SIE SICH EIGENTLICH AUF DIE DRESDNER SPEZIALISIERT?

Ich mag sie, weil sie so robust sind. Andere Hühner husten und kriegen Schnupfen im Winter. Das habe ich bei den Dresdnern noch nie gehört. Und bei den Hähnen kann der Kamm nicht abfrieren. Wenn der abfriert, ist der Hahn zeugungsunfähig, besagt die Legende. Und dann kann ich als Züchter nichts mehr mit ihm anfangen.

APROPOS ZEUGUNG UND »RANMÜSSEN«: IST ES EIGENTLICH EIN PROBLEM, WENN DER SOHN NACHHER DIE MUTTER BEFRUCHTET? ALSO »TRITT«, WIE DAS BEI DEN HÄHNEN JA HEISST?

Nein, das ist kein Problem. Man kann die untereinander einige Jahre Nachkommen zeugen lassen, ohne dass es gesundheitliche Inzuchtprobleme gibt. Ich habe übrigens gute Erfahrungen damit gemacht, dass ich alten Hähnen junge Hennen zuführe. Und umgekehrt bekommen junge Hähne alte Hennen.

DANN HERRSCHT DIESBEZÜGLICH JA GLEICHBERECHTIGUNG. FINDE ICH GUT. HERR EGGERS, ICH DANKE IHNEN FÜR DAS GESPRÄCH.

Kompetente Züchter wie Bernd Eggers gibt es immer seltener. Denn Geflügelvereine haben wie viele andere Vereine Nachwuchssorgen.

EIN GARTEN ZUM GENIESSEN

Endlich kommen wir zum Genießen. Zum schönsten Teil in eurem neuen Homefarming-Leben. Natürlich macht auch die Arbeit an den Töpfen und Beeten an sich Freude und das Zusammenleben mit euren gackernden Freunden sowieso. Aber wenn ihr die Früchte eurer Arbeit tatsächlich auf dem Teller habt, dann ist das echter Hochgenuss. Die Leckereien aus eurem Garten schmecken nämlich nicht nur besser, ihr könnt jetzt auch sicher sein, dass alles tatsächlich bio, gesund und nachhaltig ist. Euer Garten wird euch mehr und mehr vorkommen wie ein kleines Paradies. Ein Garten Eden, durch den ihr spazieren und euch die Früchte und Beeren direkt in den Mund stecken könnt, in dem ihr Rohkost und Gemüse für den sofortigen Verzehr oder das anstehende Kochen frisch ernten könnt und der euch sogar über den Winter bringt. Denn vieles, was bei euch im Garten wächst, lässt sich über die erntefreien Monate lagern oder vorher einfrieren und einkochen. So habt ihr in der usseligen Jahreszeit und bei Frost immer noch selbst gezogene Lebensmittel auf dem Tisch.

Und wenn ihr jetzt denkt: »Okay, lagern könnte ich mir noch vorstellen, aber einkochen wie Oma werde ich jetzt sicher nicht, weil ich dazu nun wirklich keine Zeit habe«, dann kann ich euch nur sagen: Genau das habe ich auch gedacht. Wenn ihr aber das erste Mal vor eurer reichhaltigen Ernte steht, für die ihr so wenig tun musstet, werdet ihr es vielleicht zumindest mal ausprobieren wollen. Und dann steht ihr vor der Frage: Wie geht das denn jetzt nochmal mit dem Einkochen und dem Marmelade-Machen. Für genau diesen Fall findet ihr in diesem Kapitel Hilfestellung. Wieder so einfach erklärt, dass es jeder hinkriegt. Denn auch ich habe es so geschafft. Und dann schafft ihr es erst recht. Wenn ihr zu den Glücklichen gehört, die gut kochen können, braucht ihr hier sicher keine Handreichung. Aber wenn ihr ein bisschen so seid wie ich, also eher ein Vollhonk in Sachen Küche, helfen euch die folgenden Rezepte womöglich, einen Zugang zum Kochen und Einmachen zu finden. Übrigens: Einiges eignet sich auch als Geschenkidee. Aber jetzt erst mal viel Spaß beim Selber-Genießen.

Ich hätte nie gedacht, dass ich mal freiwillig kochen würde. Das Homefarming hat mich ganz schön verändert.

WIE ICH ANS KOCHEN UND EINMACHEN KAM

Nachdem ich euch am Anfang des Gemüseteils mitgeteilt habe, dass ich nie einen grünen Daumen hatte, und zu Beginn des Hühnerteils, dass ich das Federvieh früher noch nicht mal sympathisch fand, ist es nun Zeit, mit etwas Kompetenz zu punkten: Ich bin sehr gut im Genießen! Man könnte sogar sagen, dass dies eine meiner Kernkompetenzen ist. Ich liebe leckeres Essen und kann keinem süßen Dessert widerstehen.

Das Problem ist nur: Ich kann nicht kochen und habe mich auch nie dafür interessiert. Der Bäcker war immer um die Ecke, der Lieferservice praktisch und aufgewachsen bin ich bei meinem alleinerziehenden Vater sowieso mit Tiefkühlfertiggerichten. Natürlich kann ich mir eine einfache Pasta machen. Ich kann mir auch ein Brot schmieren, einen Salat schnippeln und ich habe sogar schon mal Käsefondue zubereitet. Aber meine Fertigkeiten in der Küche beschränken sich auf Rudimentäres. Und ich bin damit bisher ganz gut durchs Leben gekommen. Selbst Freunde kamen gern zum Essen, weil sie es irgendwie rührend fanden, dass ich mir dort größte Mühe für sehr kleine Erfolge gab.

In der Grillsaison jedoch, da war ich eine ernsthaft gefragte Gastgeberin, weil das schon in meiner Kindheit angelegt wurde: In unserem Vater-Tochter-Haushalt wurde der Grill nach dem ersten Frost angeschmissen und erst dann wieder in den Schuppen gestellt, wenn der Winter kam. Wenn ich an meine Kindheit denke, denke ich an Rauchschwaden. Und an meinen Vater, der mittendrin stand und Würstchen wendete.

In meiner eigenen Grillkarriere kam dann immer mehr Gemüse dazu, weil ich den ständigen Fleischkonsum irgendwann nicht mehr mit meinem Gewissen vereinbaren konnte und auch nicht mehr mit meinem Verständnis von gesunder Ernährung. Aber das muss jeder selbst wissen, finde ich.

Jedenfalls stand ich nun mit meinen sehr rudimentären Kochkünsten und einer gewissen Expertise in Sachen Grill vor meiner Ernte und fragte mich, wie ich das denn nun alles verarbeiten könnte. Denn vieles wurde einfach zur gleichen Zeit reif und wollte raus aus dem Beet. So fing ich also an, mich mit der Lagerung von frischen Lebensmitteln zu beschäftigen. Damit, wie man sie einfriert, und vor allem damit, wie man sie zubereitet und durch Einkochen haltbar macht.

Und wieder eröffnete sich mir eine ganz neue Welt. Einkochen. Die fertigen Gläser kannte ich noch aus den Kellerregalen meiner Großeltern, aber leider hatte ich nie zugesehen, wie Obst und Gemüse da reinkamen. Ich fing also wieder an zu lesen und zu bestellen. Erst mal die Ausrüstung anschaffen, dachte ich mir. Ich kaufte einen Einkochautomaten, Einmachgläser, Gummiringe, Klammern und so weiter. Aber leider war es mit dem bloßen Shoppen dieser Dinge nicht getan und so versuchte ich mich mit Anfang 40 tatsächlich an meiner ersten Mirabellenmarmelade, an meinem ersten Zwetschgenkompott und dem ersten selbst gemachten Holunderblütensirup. Was soll ich sagen? Ich war begeistert und nach ein paar Wochen standen an jedem freien Platz in meiner Küche fertige Gläser mit den unterschiedlichsten eingemachten Leckereien. Alles selbst gemacht!

Außerdem begann ich nach Rezepten zu suchen, mit denen ich das Obst und Gemüse auf sehr einfache Art zum Sofort-Essen zubereiten konnte. Ich legte erst einmal alles auf den Grill und erfuhr so, was sich dafür eignet und was nicht. Ich fing an, Eier auf die unterschiedlichste Weise zu genießen, hatte plötzlich Spaß am Backen von Apfelkuchen und kramte ein Rezept meiner Oma wieder aus dem Gedächtnis: Eis mit Heiß. Vanilleeis mit heißen Früchten.

Meine Freunde und meine Familie beobachteten das anfangs leicht amüsiert. Aber jetzt ist interessanterweise Ruhe. Alle sind sich zwar einig darüber, dass die Gerichte, die ich aus meinen Gartenfrüchten zaubere, einfach sind, aber alle sind sich auch einig darüber, dass sie lecker sind. Ich werde plötzlich ernst genommen in Sachen Küche. Wer hätte das gedacht.

P.S.: Streng genommen müsste ich »Konfitüre« schreiben, weil man Marmeladen aus Zitrusfrüchten macht. Bei mir heißt das aber nach wie vor Marmelade. So!

DIESES OBST UND GEMÜSE KÖNNT IHR LAGERN

Im eigenen Garten wächst das Gemüse mitunter in den tollsten Formen, während man Schätze wie diese Herzkartoffel im Supermarkt nie findet.

Wenn ihr wie ich keinen Keller habt, könnt ihr Zwiebeln und Kartoffeln auch in belüfteten Gefäßen in der Küche aufheben.

Ob ihr euer Gemüse lange lagern könnt oder lieber sofort verzehren oder verarbeiten solltet, hängt von der jeweiligen Art ab. Ich würde euch hier gern konkrete Tipps für die Gemüse- und Obstarten geben, die ich im ersten Teil des Buches empfohlen habe. Fangen wir mit dem Gemüse an, das sich am besten zum Lagern eignet.

KARTOFFELN

Es gibt nur wenige Gemüsearten, die sich so wunderbar für die Lagerung eignen, wie Kartoffeln. Wenn ihr sie geerntet habt, müsst ihr sie nur trocken, dunkel und kühl aufbewahren, dann halten sie sich bis in den Winter. Mit Kartoffeln müsst ihr also auch in der kalten Jahreszeit nicht auf das Selbstversorgergefühl verzichten.

Zur Aufbewahrung eignet sich zum Beispiel eine sogenannte Kartoffelhorde oder Kartoffelkiste, also eine Art Holzkäfig, in der die Kartoffeln gut belüftet lagern können. Ihr könnt sie aber auch in einem geschlossenen Gefäß in die Küche oder in den Vorratsraum stellen, das Gefäß sollte dann aber Belüftungsschlitze oder -löcher haben.

Achtet auch unbedingt darauf, dass die Kartoffeln außen wirklich trocken sind, bevor ihr sie in das Gefäß legt. Ich habe anfangs nicht lang genug gewartet und hatte so ungewollt eine Fruchtfliegenzucht in der Küche. Ich bin ja wirklich tierlieb, aber das ging zu weit.

ZWIEBELN

Auch Zwiebeln könnt ihr lang lagern. In den Kühlschrank müssen sie dazu aber nicht, genauso wenig wie Kartoffeln. Am besten ihr bietet ihnen ein trockenes, kühles, dunkles, gut belüftetes »Wartezimmer« an. Denkt daran: Zu viel Licht lässt sie keimen und das sollten sie nicht, wenn ihr sie

Bevor ihr eure Zwiebeln einlagert, lasst ihr sie an einem luftigen, überdachten Plätzchen erst mal zwei Wochen nachtrocknen.

Diese Möhren sind alle über den Winter im Gemüsebeet geblieben. Im Frühjahr waren sie immer noch knackig.

lagern und verzehren wollt. Aber das kennt ihr ja auch von den Zwiebeln aus dem Supermarkt. Auch hier gilt: nicht mit Restfeuchte in den Vorratsbehälter packen, sonst habt ihr schnell Fruchtfliegenalarm.

MÖHREN

Wenn ihr Möhren lagern wollt, solltet ihr sie in eine Kiste zwischen feuchten Sand legen, weil sie unbedingt Feuchtigkeit brauchen – sonst habt ihr sehr schnell schrumpelige Gummimöhren statt knackiges Gemüse. Sie müssen vom Sand immer Feuchtigkeit ziehen können – unbeaufsichtigt könnt ihr sie also nicht lassen. Achtet beim Einschichten außerdem darauf, dass die Möhren keine dunklen Stellen haben und sich nicht berühren, sonst werden sie schnell schlecht. Ein kühler Raum mit etwa 5 Grad ist ideal.

Ich habe tatsächlich auch gute Erfahrungen damit gemacht, die Möhren einfach so lang im Beet zu lassen, bis ich sie essen wollte. Denn das Erdreich ist ja genau so ein Ort, wie ich ihn gerade beschrieben habe: kühl, feucht und dunkel. Ich habe einige Möhren im ersten Jahr sogar über den Winter im Beet gelassen. Bei Bodenfrost ließen sie sich zwar nicht aus der Erde ziehen, aber wenn der Boden zwischendurch nicht gefroren war, konnte ich mir immer Nachschub holen. Selbst im Frühjahr hatte ich so noch knackige Möhren. Der Geschmack war nicht mehr identisch zu dem im Sommer, aber sie waren immer noch lecker genug.

ÄPFEL

Es gibt Äpfel, die lang haltbar sind, sogenannte lagerfähige Apfelsorten, und solche, die schnell schrumpeln und faulen. Das hängt tatsächlich von der Sorte ab. Zu den lagerfähigen Äpfeln gehören zum Beispiel Roter und »normaler« Boskop, Goldparmäne und Topaz. Als Faustregel gilt: Je später die Äpfel reifen, desto haltbarer sind sie.

Wenn ihr solche Sorten in eurem Garten ernten könnt, solltet ihr sie so lagern, dass sich die Äpfel nicht berühren. Im Handel gibt es hübsche »Obsthorden« oder Stapelboxen aus Holz, in denen die Äpfel genug Platz haben. Auf keinen Fall dürft ihr sie direkt übereinanderstapeln. Ich kann euch auch Pappen empfehlen, die aussehen wie große Eierkartons und deren apfelgroße Mulden dafür sorgen, dass die Früchte nicht aneinanderstoßen. Sie sind wiederverwendbar und können später einmal im Altpapier entsorgt werden. Wichtig ist auch, dass ihr nur Äpfel lagert, die keine Schadstellen haben. Ihr solltet die eingelagerten Äpfel deshalb auch regelmäßig auf braune Stellen untersuchen und die schlechten dann aussortieren.

Äpfel satt – zum Marmelade- und Chutney-Einkochen. Ein paar lagere ich aber immer auch zum Einfach-so-Essen ein.

Äpfel sollten immer kühl und bei ausreichender Luftfeuchtigkeit gelagert werden. Ein warmer Heizungskeller ist keine Option. Die Garage nur dann, wenn die Temperaturen dort nicht unter 5 Grad sinken, denn die Äpfel sollten keinen Frost aushalten müssen.

- → Aufpassen bei Äpfeln: Es gibt lagerfähige Sorten und solche, die sich dafür nicht eignen. Letztere müsst ihr gleich essen – oder einkochen.
- → Möhren könnt ihr über den Winter einfach im Beet lassen. Sie vertragen Frost und trocknen im Erdreich nicht aus.

DIESES OBST UND GEMÜSE KÖNNT IHR EINFRIEREN

Da sich nicht jedes Gemüse zur Lagerung im Rohzustand eignet, kommen jetzt ein paar Tipps für die Gemüse- und Obstarten, die sich stattdessen gut roh einfrieren lassen. Auch hier orientiere ich mich wieder an den Arten, die im ersten Teil des Buches, im Pflanzteil, vorgekommen sind.

ZUCCHINI

Zucchini gehören zu den wenigen Gemüsearten, die ihr direkt nach der Ernte im rohen Zustand einfrieren könnt. Damit sie nach dem Auftauen nicht matschig werden, wascht ihr sie, reibt sie trocken und schneidet sie dann in Würfel oder Scheiben. Die kommen jetzt in ein Sieb und werden gesalzen, denn das Salz entzieht dem Gemüse Flüssigkeit. Nach ein paar Minuten gebt ihr die Zucchini auf Küchenpapier und tupft sie noch mal ab, ehe ihr sie in Beuteln oder Dosen einfriert.

KRÄUTER

Auch die Kräuter aus eurem Garten lassen sich sehr gut einfrieren. Ich persönlich habe es schon erfolgreich mit Dill, Koriander, Minze und Schnittlauch versucht. Ihr müsst sie direkt nach der Ernte einfach nur waschen, abtrocknen und dann in Gefrierbeutel oder -dosen verpacken und in den Tiefkühler packen. Wenn ihr die Kräuter nach dem Waschen klein hackt, könnt ihr sie auch in einen Eiswürfelbehälter füllen und etwas Wasser hinzugeben. Dann entstehen im Eisfach gefrorene Kräuterwürfel, die sich portionsweise auftauen lassen. So könnt ihr auch im Winter leckere Gerichte mit euren Gartenkräutern zubereiten.

Bei Thymian, Oregano oder Rosmarin könnt ihr einfach die kompletten Stiele einfrieren. Diese Kräuter könnt ihr aber auch sehr gut trocknen.

MIRABELLEN

Nachdem ihr die Mirabellen geerntet habt, wascht ihr sie gründlich und sortiert alle Früchte mit faulen Stellen aus. Dann entsteint ihr die Mirabellen. Ich empfehle euch dafür eine professionelle Entkernungsmaschine, weil der Prozess sonst sehr lang dauert. Wenn ihr wie ich Zwetschgen,

Rosmarin eignet sich auch super zum Trocknen. Einfach zu kleinen Büscheln binden und kopfüber an einem trockenen Ort aufhängen.

Wie ihr schon wisst, bin ich totaler Himbeerfan. Daher friere ich mir immer welche für den Winter ein – für Eis mit Heiß zum Beispiel.

Kirschen und Mirabellen im Garten habt, lohnt sich diese Anschaffung allemal.

Anschließend legt ihr die entsteinten Früchte – ohne dass sie sich gegenseitig berühren – auf ein Tablett oder Backblech und stellt dieses in die Gefriertruhe. Dort sollten die Früchte jetzt etwa eine Stunde vorfrieren. Wenn ihr sie sofort in einen Gefrierbeutel legen würdet, würden später alle gefrorenen Früchte zusammenkleben und es wäre schwierig, einzelne Portionen davon aufzutauen. Wenn ihr die Mirabellen aber vorfriert, bleiben es einzelne Früchte, auch wenn ihr sie danach in einen Gefrierbeutel oder eine Dose packt, um sie »dauerhaft« einzufrieren.

ZWETSCHGEN UND PFLAUMEN

Auch Zwetschgen und Pflaumen solltet ihr nach der Ernte waschen, trocken und entkernen. Dann halbiert oder viertelt ihr sie, aber nur die einwandfreien Exemplare, und legt die Stücke ebenfalls schön vereinzelt auf ein Backblech oder Tablett, um sie vorzufrieren. Erst danach kommen sie in den Gefrierbeutel.

Im gefrorenen Zustand halten Zwetschgen und Pflaumen zwischen neun und zwölf Monaten. Ihr kommt also auf jeden Fall über den Winter. Und wie lecker ist es bitte, sich ein Vanilleeis mit heißen Pflaumen garnieren zu können, wenn es draußen so richtig usselig ist.

KIRSCHEN

Kirschen, egal ob Süßkirschen oder Sauerkirschen, könnt ihr ebenfalls direkt nach der Ernte einfrieren. Sucht euch wieder die einwandfreien Exemplare raus, wascht sie, entkernt sie und legt sie zum Vorfrieren etwa eine Stunde in den Gefrierschrank oder die Gefriertruhe. Danach packt ihr sie in eine Tupper-Dose oder Ähnliches und friert sie »richtig« ein. Ich persönlich habe nämlich nichts dagegen, das Vanilleeis zur Abwechslung mal mit heißen Kirschen zu genießen.

BEEEREN

Auch Heidelbeeren, Himbeeren, Brombeeren und Erdbeeren aus eurem Garten könnt ihr wunderbar einfrieren und euch so auch im Herbst und Winter an den Sommer und die Sonne erinnern.

Dazu wascht ihr die Beeren vorsichtig und legt dann die einwandfreien wieder wie beschrieben zum Vorfrieren auf ein Tablett. Nach einer Stunde im Gefrierfach könnt ihr sie dann in einen Gefrierbeutel oder eine Gefrierdose packen und weiter einfrieren. Sie sind so sechs bis neun Monate haltbar und ihr könnt sie selbst im gefrorenen Zustand wunderbar verwenden, zum Beispiel um einen Smoothie oder einen Kefir-Drink daraus herzustellen. Das Rezept dazu findet ihr auf Seite 212.

Mein Tipp: Wenn ihr die Beeren für einen Smoothie einfrieren wollt, dann könnt ihr auf das Vorfrieren der einzelnen Beeren verzichten. Ich habe einfach so viele Beeren in einen Gefrierbeutel gepackt, wie ich in den Smoothie mische. Und im gefrorenen Zustand kommen sie dann auch so als Block in den Mixer. Spart Zeit und funktioniert auch.

- → Zucchini gibt es oft in großen Mengen. Ihr könnt sie aber gut einfrieren. Wenn ihr sie vorher in Würfel schneidet und salzt, bleiben sie schön knackig.
- → Kräuter könnt ihr auch als Kräutermischung einfrieren. Zweckentfremdete Eiswürfelbehälter sind ideal dafür.
- → Wenn ihr kleine Früchte oder Beeren einfrieren wollt, solltet ihr sie vorher vereinzeln und »schockfrosten«.

Wer keinen Keller hat, um Gemüse zu lagern, braucht Alternativen. Zum Glück bin ich mittlerweile Profi im Buddeln.

UND JETZT AUCH NOCH EIN BIO-KÜHLSCHRANK!

So, dann oute ich mich jetzt mal: Seitdem ich Homefarming betreibe, habe ich nicht nur Sehnsucht nach einem eigenen Komposthaufen entwickelt, sondern auch nach einer Erdmiete. Ihr wisst nicht, was das ist? Mir ging es genauso. Erdmiete war eins der Wörter, die ich in meinem Leben noch nie gehört hatte – bis ich einen Garten hatte und mich am Ende der Saison fragte, wie ich das geerntete Gemüse denn jetzt am besten lagern könnte, um auch über den Winter noch eigenen Kohl und Sellerie essen zu können. Denn: Mein Haus hat keinen Keller. Und das kleine Gemüsefach im Kühlschrank war keine Alternative.

Ich erinnere mich noch gut an die Kellerräume meiner Großeltern: Bei beiden gab es lange Regale mit Einmachgläsern und Marmeladen. Es gab einen Kartoffelkorb und Extra-Regalbretter, auf denen die Äpfel lagen. Ich hatte jetzt zwar auch das Bio-Material dafür – nämlich die Ernte –, aber schlichtweg keinen Platz, um es zu lagern. Da mein Vater aber schon beim Gewächshaus angefangen hatte, mir vorzurechnen, wie teuer meine Tomaten jetzt tatsächlich seien, weil man diese Investition ja auch immer mitrechnen müsse (das Gleiche hat er übrigens auch beim Hühnerstall und den Eiern gesagt), sah ich vom nachträglichen Bau eines ganzen Untergeschosses, nur um ein paar Möhren und Kartoffeln zu lagern, ab.

Was also tun? Ich fragte ein paar Leute und recherchierte etwas im Netz und dann begegnete sie mir plötzlich an allen Stellen: die Erdmiete. Überall las und hörte ich dieses Wort und so war klar: Das brauchte ich auch noch.

Nur was ist eine Erdmiete jetzt genau? Einfach gesagt, ist eine Erdmiete ein Loch im Boden, in dem man Vorräte lagern kann. Schön kühl. Ein vollbiologischer Kühlschrank also. Und vor allem etwas sehr Traditionelles. Denn bei unseren Vorfahren war es die Regel, Lebensmittel, die gekühlt werden mussten, so aufzubewahren. Theoretisch könnte man das sogar mit dem Feierabend-Bier so machen oder mit Wurst und Käse, las ich auf den einschlägigen Seiten. Man müsse die Lebensmittel nur so im kühlen Erdreich lagern, dass keine Tiere an sie rankommen – und auch nicht zu viel Frost. Und was wurde deshalb empfohlen? Eine alte Waschtrommel. Ernsthaft. Die Empfehlung lautete, sich eine Stahltrommel aus einer ausgedienten Toplader-Waschmaschine zu besorgen und diese im Erdreich einzubuddeln.

Was soll ich sagen? Kurze Zeit später hatte ich im Kleinanzeigenmarkt eine alte Waschtrommel aufgetan, buddelte ein Loch im Garten, verkleidete es innen mit dem Stroh aus Sazous Stall und legte dann meine Sellerie und Kohlrabi hinein. Obendrauf bastelte ich mir eine Klappe aus Holz und darauf kam dann noch eine Plane und zur Beschwerung ein paar Steine.

Ich erinnere mich noch an den Besuch meines Vater, kurz nachdem ich die Erdmiete angelegt hatte. »Was ist da drunter?«, wollte er beim Rundgang durch den Garten wissen. Ich: »Eine Erdmiete.« Er: »Was?« Ich: »Eine Erdmiete.« Er: »Du hast eine Erdmiete gebaut? Zeig!« Und schon riss er die Plane herunter, nahm den Deckel vom Loch und begutachtete die Wäschetrommel. »Was ist das denn?« Ich: »Eine Wäschetrommel.« Er: »Was?« Ich: »Eine Wäschetrommel.« Er: »Ist das dein Ernst?« Ich: »Ja. So kommen da keine Ratten rein.« Er kopfschüttelnd: »Ich glaub das alles nicht. Wenn Oma Leidi das noch erlebt hätte. Dass du Marmeladen machst, Gemüse anbaust und jetzt sogar Erdmieten baust.«

Stimmt, dachte ich da. Vor einigen Jahren wäre ich selbst wahrscheinlich ähnlich fassungslos gewesen, wenn mir jemand mein jetziges Ich gezeigt hätte. Aber wisst ihr was: Ich habe so einen Spaß an allem, dass mir diese Veränderung wirklich willkommen ist. Und das ist doch wohl die Hauptsache, oder?

Keller-Not macht erfinderisch: Meine selbst gebaute Erdmiete entsteht.

SO BAUT IHR EUCH EINE ERDMIETE

Kohl, Wurzel- und Knollengemüse könnt ihr in der Erdmiete wunderbar über den Winter bringen.

Wenn ihr leidenschaftliche Camper seid, dann wisst ihr womöglich bereits, wie man sich eine Erdmiete baut. Auch Pfadfinder haben das in der Regel gelernt, denn es ist einfach eine sehr gute Idee, Getränke und Lebensmittel kühl zu lagern, wenn kein Kühlschrank beziehungsweise Strom in der Nähe ist. Und es ist wirklich ganz einfach:

Ihr sucht euch zunächst eine Stelle im Garten, die nicht mit Wasser volllaufen kann. Ein überdachter Platz ist ideal. Ein abgeerntetes Beet geht aber auch, weil das Erdreich dort von euch ja so gestaltet wurde, dass der Boden nicht verdichtet ist und das Regenwasser gut einsickern kann, aber sich nicht staut.

Dann grabt ihr ein etwa 40 Zentimeter tiefes Loch, in dem eine Holzkiste mit Deckel, eine Tonne mit Deckel oder noch besser eine alte Waschmaschinentrommel Platz finden würde. Die ausgediente Trommel einer Toplader-Waschmaschine ist deshalb besonders gut geeignet, weil sie Löcher zur Belüftung hat und trotzdem komplett wühlmaussicher ist. Der Deckel, durch den beim Toplader die Wäsche eingefüllt wurde, ist jetzt ideal, um das Gemüse hineinzufüllen – und danach kann alles sicher verschlossen werden.

Nun bedeckt ihr den Boden eures Erdlochs mit ein paar Zentimetern Sand, füllt etwas Stroh darauf, stellt die Kiste beziehungsweise Waschmaschinentrommel hinein und stopft die Seiten zum Erdreich hin ebenfalls mit Stroh aus. Es isoliert ein bisschen und ist gut gegen Staunässe. Auch obendrauf solltet ihr eine Schicht Stroh packen. Wenn ihr möchtet, könnt ihr als Kälteschutz zusätzlich noch eine Styroporplatte darauflegen. Zum Schluss deckt ihr das Loch dann mit einer großen Holzplatte ab. Oder ihr lasst das Styropor weg und »isoliert« die Erdmiete von oben mit einem Strohballen, den ihr auf die Holzplatte stellt.

Mein Tipp: Wenn ihr eine sehr ungeschützte Stelle ausgesucht habt, könntet ihr über alles auch noch eine Plane gegen den Regen legen. Und: Denkt an ein Wühlmausgitter, wenn ihr nicht mit einer Metalltonne oder der Waschmaschinentrommel arbeitet.

Die Lebensmittel legt ihr einfach schichtweise in die Trommel – Sand zwischen den Schichten ist eine gute Idee. Der hält alles, wie ihr schon von den Möhren wisst, schön knackig. Und ihr solltet euch erkundigen, welches Gemüse so lagerfähig ist. Alles, was keinen Frost verträgt (zum Beispiel Kartoffeln), solltet ihr nicht in eine Erdmiete packen, weil in der auch mal Minustemperaturen herrschen. Und was im rohen Zustand nicht lang lagerfähig ist (beispielsweise Tomaten), solltet ihr auch nicht reinpacken. Ideal ist die Erdmiete für Wurzelgemüse, also Möhren, Sellerie und Rote Bete, und für Kohl.

Damit der Deckel am Ende plan aufliegt und nichts darunterkrabbelt, habe ich aus Leisten eine Art Rahmen um meine Erdmiete gelegt.

REZEPTE ZUM SPÄTER-GENIESSEN: EINFACH UND LECKER!

Eine sehr leckere Möglichkeit, wie ihr euer Obst und Gemüse möglichst lang genießen könnt, ist das Einkochen. Während dieses Vorgangs werden nämlich nicht nur alle Keime abgetötet, es entsteht auch ein Vakuum, das eure Lebensmittel für Monate, teilweise sogar Jahre haltbar macht.

Aber nicht nur die längere Haltbarkeit wird euch überzeugen, wenn ihr es erst einmal ausprobiert habt, sondern auch der Geschmack. Ihr könnt die leckersten Marmeladen, Konfitüren und das beste Gelee und Chutney herstellen. Ihr könnt Sirup, Saft und Obstkompott zaubern oder ganze Früchte einlegen, um sie später zum Beispiel als Topping auf Vanilleeis zu servieren. Und das Beste ist: Ihr wisst bei allen selbst produzierten Lebensmitteln, was drin ist. Ich persönlich achte nicht auf die Zuckermenge, weil ich es gern süß mag. Aber vielleicht wollt ihr lieber Marmelade, bei der ihr die Menge an Industriezucker selbst bestimmen könnt? Oder ihr habt eine Allergie, auf die ihr beim Selbst-Einkochen Rücksicht nehmen könnt? Es gibt viele Gründe, es einfach mal zu versuchen. Der beste ist und bleibt für mich der Genuss.

Was braucht ihr nun zum Einkochen? Egal, ob ihr euch entscheidet, Gemüse einzumachen oder Marmelade herzustellen – der Prozess ist letztlich der gleiche und deshalb braucht ihr auf jeden Fall Marmeladengläser mit Schraubverschluss oder Einmachgläser mit Gummiringen und Klammern. Außerdem benötigt ihr einen großen Kochtopf oder einen Einkochautomaten.

Wichtig ist, die Marmeladengläser, Deckel und Gummiringe vor dem Befüllen zu sterilisieren, damit dort keine Keime mehr sind. Ihr könnt dafür alle Teile, kurz bevor ihr sie braucht, in die Spülmaschine geben, und wenn sie frisch gespült und noch richtig heiß sind, direkt befüllen. Oder ihr legt sie bei Bedarf für zehn Minuten in kochendes Wasser, dem ihr einen Schuss Essig zugefügt habt.

Übrigens: Eure Freunde, Familienmitglieder und Kollegen werden sich sicher freuen, wenn ihr mal ein Glas Marmelade oder Chutney an sie verschenkt. Und das muss nicht nach Oma aussehen: Ein Körbchen mit einer Flasche kaltem Prosecco, Sodawasser, Minze aus eurem Kräutergarten und einer Flasche selbst gemachtem Holunderblütensirup ist perfekt als Party-Mitbringsel, denn daraus könnt ihr auf der Stelle einen »Hugo« zaubern. Selbst beim Betrunkenwerden kann euer Garten ab jetzt also liebevoll behilflich sein.

Neben den Zutaten ist beim Einkochen eins ganz wichtig: fast schon pingelig auf Sauberkeit zu achten. Sonst schimmelt schnell mal was.

HOLUNDERBLÜTENGELEE

Ergibt: 5 Gläser à 250 ml
20 Min. + 1 Tag zum Ziehen

Aus eigener Ernte: *10 Holunderblütendolden* **Weitere Zutaten:** *¾ l frisch gepresster Orangensaft • 500 g Gelierzucker (2:1) • Saft von 1 Zitrone*

1. Ihr erntet die Holunderblütendolden, wenn sich die Blüten schon geöffnet haben und die ersten schon wieder beginnen, braun zu werden. Dann klopft ihr die Dolden am Rand einer Schüssel so lange sanft aus, bis keine kleinen Tierchen mehr herausfallen. (Die Blüten nicht waschen, sonst geht ihr Aroma verloren!)

2. Legt die Blütendolden anschließend in den frisch ausgepressten Orangensaft und lasst das Ganze 24 Stunden lang abgedeckt im Kühlschrank oder Keller ziehen.

3. Am nächsten Tag gießt ihr das Blütenwasser durch ein feines Sieb oder ein Passiertuch in einen Topf und entsorgt die Stängel und Blüten, nachdem ihr sie noch mal schön mit dem Löffel ausgepresst habt.

4. Gebt den Gelierzucker und den Zitronensaft zum Blütenwasser, bringt die Mischung zum Kochen und lasst sie 5 Min. sprudelnd vor sich hin köcheln. Nicht länger!

5. Anschließend schöpft ihr mit einer Schaumkelle oder einem großen Esslöffel den Schaum ab, der sich an der Oberfläche gebildet hat, entsorgt ihn und füllt die Blütenwasserzuckermasse schnell in sterile Marmeladengläser mit Schraubverschluss. Fest zudrehen und sofort auf den Kopf stellen. Nach 5 Min. könnt ihr die Gläser wieder richtig herumdrehen und abkühlen lassen (Achtung, heiß!). Fertig ist das Vakuum.

Gelierprobe: Wenn der Kochvorgang nicht lang genug dauert, geliert eure Marmelade nicht, sondern bleibt flüssig. Zur Sicherheit empfehle ich daher eine Gelierprobe. Stellt dafür eine Untertasse, noch bevor ihr mit dem Aufkochen beginnt, für 10 Min. ins Gefrierfach. Ist die Kochzeit vorüber, nehmt ihr einen Teelöffel voll Marmelade aus dem Topf und träufelt ihn auf die eiskalte Untertasse. Geliert die kleine Menge nicht sofort, könnt ihr noch eine 1 Min. Kochzeit dranhängen.

Die Gelierprobe zeigt euch, ob eure Marmelade lang genug gekocht hat. Sonst wird sie nämlich beim Abkühlen im Glas nicht fest.

HOLUNDERBLÜTENSIRUP

Ergibt: 2 Flaschen à 750 ml
20 Min. + 1 Tag zum Ziehen

Aus eigener Ernte: *15 Holunderblütendolden* **Weitere Zutaten:** *1 kg Zucker • Saft von 1 großen Zitrone*

1. Ihr erntet die Holunderblütendolden auch hier, wenn die Blüten schon geöffnet sind und die ersten beginnen, braun zu werden. Danach klopft ihr sie am Rand einer Schüssel wieder vorsichtig aus (nicht waschen!).

2. Legt die Blütendolden anschließend in 1 Liter Wasser und lasst das Ganze einen Tag lang im Kühlschrank oder Keller ziehen.

3. Am nächsten Tag gießt ihr das Blütenwasser durch ein feines Sieb oder ein Passiertuch in einen Topf, sodass die Stängel und Blüten im Sieb oben hängen bleiben. Drückt mit einem Löffel noch mal alles Wasser aus ihnen heraus und entsorgt sie dann auf dem Kompost.

4. Schüttet den Zucker und den Zitronensaft zum Blütenwasser und bringt alles zum Kochen. Sobald sich der Zucker aufgelöst hat, füllt ihr den Sirup in zwei sterile Flaschen mit Gummiring – und schon habt ihr eine Flasche Sirup für euch und eine zum Verschenken.

5. Den Holunderblütensirup dann einfach mit Sprudelwasser mischen und als Holunderblütenschorle genießen. Und wenn ihr etwas zu feiern habt: einen Schuss Holunderblütensirup zum Prosecco geben oder einen »Hugo« mischen – aus 2 cl Holunderblütensirup, 160 ml Prosecco, einem Schuss Sodawasser, ein paar Spritzern Limettensaft, Limettenscheiben und 2 Blättchen frischer Minze aus eurem Kräuterbeet.

Tipp: Ihr könnt aus allen Früchten in eurem Garten Sirup herstellen. Es ist immer das gleiche Prinzip: 1 kg Früchte entkernen, klein schneiden und pürieren. Mit 500 g Zucker in 1 Liter Wasser aufkochen (das Ganze kann ruhig bis zu 30 Min. vor sich hin köcheln, da ihr hier keinen Gelierpunkt abpassen müsst). Gegen Ende den Saft einer Zitrone oder Orange dazugeben, alles durch ein feines Sieb beziehungsweise durch ein Passiertuch schütten und den fruchtstückchenfreien Sirup dann heiß in die ausgekochten Flaschen füllen und diese gut verschließen.

PFLAUMENMARMELADE

Ergibt: 6 Gläser à 250 ml
25 Min.

Aus eigener Ernte: *1 kg Pflaumen* **Weitere Zutaten:** *500 g Gelierzucker (2:1) • Zimt, Lebkuchengewürz oder Anis (nach Belieben)*

---

1. Wascht die Pflaumen erst direkt vor der Verarbeitung und entkernt sie anschließend. Dann gebt ihr sie in einen großen Topf und püriert sie mit dem Pürierstab.

2. Nun den Gelierzucker dazugeben und alles aufkochen. Nach 4 Min. Kochen und einer Gelierprobe (siehe Seite 199) füllt ihr die Marmelade in die vorbereiteten sterilen Schraubgläser, schraubt diese fest zu und stellt sie auf den Kopf.

3. Nach einigen Minuten könnt ihr die Gläser wieder umdrehen und abkühlen lassen. Jetzt ist das Vakuum entstanden, das eure Marmelade lange haltbar macht.

4. Wenn ihr eine Wintermarmelade zaubern wollt, könnt ihr noch eine Prise Zimt dazugeben oder etwas Lebkuchengewürz oder Anis. Das ist auch ein perfektes Weihnachtsgeschenk für Menschen, die ihr sehr gern mögt. Den anderen könnt ihr ja Marmelade im Supermarkt kaufen.

Tipp: Dieses Rezept gelingt auch mit anderen Früchten aus eurem Garten. Nehmt dann statt einem Kilo Pflaumen einfach Kirschen, Mirabellen, Erdbeeren, Himbeeren, Brombeeren, Heidelbeeren, Stachelbeeren oder was auch immer ihr gern als Marmelade essen wollt. Lecker ist auch, verschiedene Früchte zu kombinieren. Apfel-Pflaume ist mein Favorit. Und mischt gern auch mal Kräuter (zum Beispiel Minze) mit in eure Marmelade oder versucht es mit leckeren Gewürzen: Die Pflaumen-Lebkuchen-Marmelade war tatsächlich der Renner als Weihnachtsgeschenk. Haben die Früchte wenig Säure (so wie zum Beispiel Erdbeeren und Süßkirschen), solltet ihr noch den Saft einer Zitrone hinzufügen, bevor ihr die Früchte mit dem Gelierzucker aufkocht. Dann gelingt das Gelieren besser.

APFEL-ROSMARIN-CHUTNEY

Ergibt: 6 Gläser à 250 ml
20 Min.

Aus eigener Ernte: *1 kg Äpfel • 3 Zweige Rosmarin* **Weitere Zutaten:** *400 g Zucker • Salz und Pfeffer aus der Mühle (nach Belieben)*

1. Ihr viertelt und schält die Äpfel, entfernt das Kerngehäuse und schneidet die Viertel dann in Stücke. Diese gebt ihr in einen großen Topf und püriert sie. Nun zupft ihr die Rosmarinnadeln von den Zweigen, gebt sie mit dem Zucker zu den pürierten Äpfeln, lasst alles zusammen auf- und dann 5 Min. weiterkochen. Zum Schluss könnt ihr nach Belieben auch noch mit einer Prise Salz und frisch gemahlenem Pfeffer würzen.

2. Füllt die heiße Masse, die etwas fester ist als Marmelade, in Schraubgläser und stellt diese nach dem Schließen für 5 Min. auf den Kopf. Dreht sie dann wieder richtig herum und lasst das Chutney abkühlen. Fertig!

Tipp: Auch aus den anderen Früchten und Gemüsesorten in eurem Garten könnt ihr leckere Chutneys herstellen. Kürbis-Chutney zum Beispiel ist toll und Tomaten-Chutney wird euch begeistern. Ihr könnt hier auch wieder kombinieren. Wie wäre es zum Beispiel mit einem Zucchini-Paprika-Chutney? Oder ihr mischt noch Früchte dazu. Der Fantasie sind keine Grenzen gesetzt und ihr findet im Internet etliche leckere und einfache Rezepte. Wenn ihr das Grundprinzip erst mal verstanden habt, werdet ihr euch schnell auch an andere Rezepte herantrauen.

GLÄSER MIT SCHRAUBVERSCHLUSS ODER MIT GUMMIRING?

Ich habe euch bei den Einmachrezepten bisher Gläser mit Schraubverschluss empfohlen – weil es damit am einfachsten geht. Hier gibt es Gläser mit klassischem Drehverschluss und solche mit Twist-off-Verschluss. Der Unterschied liegt nur in der Art des Gewindes. Für den Hausgebrauch ist der Drehverschluss etwas besser geeignet, weil er dichter ist.

Trotzdem solltet ihr die Dichtheit eurer Deckel unbedingt vor dem Befüllen prüfen. Füllt dazu einfach Wasser in das Glas, schraubt es zu, stellt es auf den Kopf und guckt, ob alles drinbleibt. Dann passiert euch nicht, was mir passiert ist: dass sich die heiße Zuckermasse erst auf der Arbeitsplatte und dann entlang der Küchenschränke runter bis zum Boden ergießt, die Katze durchrennt und alles in der Küche und im Wohnzimmer verteilt.

Wenn die Marmeladengläser fünf Minuten Kopfstand machen, entsteht ganz von allein ein Vakuum, das den Inhalt haltbar macht.

Bei allem, bei dem sehr viel Zucker beigemischt wurde (also bei allen Rezepten, die ich euch bisher empfohlen habe), reicht es, wenn ihr die sterilisierten Gläser heiß befüllt, fest zuschraubt, danach sofort auf den Kopf stellt und so abkühlen lasst. Dadurch entsteht ein Vakuum und der Inhalt der Gläser ist bis zu zwölf Monaten haltbar. Es gibt sogar Stimmen, die behaupten, dass man auf das Stürzen der Gläser verzichten kann, wenn die Gläser und Deckel vorher gut sterilisiert wurden. Aber da bin ich vom Team: Sicher ist sicher.

»Für eure Marmeladen, Gelees und Chutneys könnt ihr Gläser mit Drehverschluss oder solche mit Gummiring und Klammern benutzen.«

Alternativ könnt ihr auch Einweckgläser mit Gummiring und Klammern benutzen. Der Vorteil ist hier, dass die Konstruktion nach dem Einkochen dicht und auch länger wiederverwendbar ist – im Zweifel müsst ihr nur den Gummiring austauschen und das ist sehr günstig. Außerdem sind Einweckgläser sehr hübsch anzusehen und irgendwie »classy«. Allerdings lassen sie sich, wenn sie einmal geöffnet wurden, nicht wieder so gut verschließen. Und vor allem müsst ihr noch einen weiteren Arbeitsschritt einplanen: das Einkochen.

SO FUNKTIONIERT DAS EINKOCHEN

Beim Einkochen bereitet ihr die Marmelade, das Gelee oder das Chutney erst mal so zu, wie ich es in den Rezepten beschrieben habe, und befüllt die sterilisierten Einmachgläser dann bis zu 2 Zentimetern unter dem Rand. Dann legt ihr den passenden Gummiring auf das Glas, setzt vorsichtig den Deckel darauf und verschließt das Ganze mit zwei Klammern.

Stellt nun die Gläser mit Abstand zueinander auf das Gitter im Einkochautomaten und befüllt diesen dann mit so viel Wasser, dass die Gläser zu zwei Dritteln im Wasserbad stehen.

Jetzt programmiert ihr den Einkochautomaten auf die richtige Einkochzeit und die richtige Temperatur. Da sich beides je nach Lebensmittel unterscheidet, kann ich dazu leider keinen generellen Tipp geben, außer den, dass es zum Beispiel im Internet Tabellen gibt, denen ihr alle Informationen dazu entnehmen könnt. Dem Einkochautomaten selbst liegt eine derartige Tabelle ebenfalls bei.

Nun nur noch warten – und fertig sind die eingekochten Lebensmittel. Sie sind nach dem Abkühlen teilweise sogar jahrelang haltbar, selbst wenn kein konservierender Zucker hinzugefügt wurde.

Statt eines Einkochautomaten eignet sich übrigens auch ein großer Topf mit Wasser, in den ihr zum Beispiel einen Topfuntersetzer aus Metall als Gitter stellt. Ihr braucht dann aber auch ein Thermometer und müsst aufpassen, dass die richtige Einkochzeit und -temperatur eingehalten wird.

Auch mit dem Backofen ist das Einkochen möglich. Die einfachste Variante funktioniert so: Backofen auf 180 Grad Ober-/Unterhitze vorheizen, Gläser auf ein tiefes Backblech stellen, dieses mit so viel Wasser füllen, dass die Gläser etwa 3 Zentimeter im Wasserbad stehen. Sobald das Wasser zu kochen anfängt, schaltet ihr den Herd aus. Die Gläser bleiben dann aber noch 30 bis 40 Minuten im Ofen. Erst dann nehmt ihr sie heraus und lasst sie auf einem Kuchengitter komplett abkühlen.

Für die Gummiringe ist diese Methode allerdings nicht so toll. Ich bevorzuge den Einkochautomaten. Aber ich habe es ja auch gern einfach.

Egal, ob Gläser oder Flaschen: Damit der Inhalt später nicht schimmelt, müssen die Gefäße vorher immer sterilisiert werden – inklusive der Gummis unter dem Deckel.

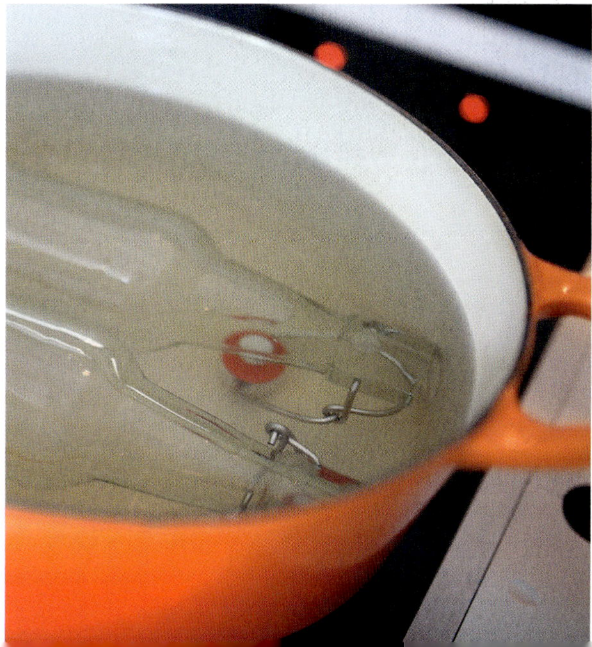

OBST EINKOCHEN – ZUM BEISPIEL KIRSCHEN

Ergibt: 1 großes Glas (1500 ml)
25 Min.

Aus eigener Ernte: *1 kg Kirschen* **Weitere Zutaten:** *250 g Zucker*

1. Nach dem Waschen und Entkernen legt ihr die Kirschen bis 2 Zentimeter unterhalb des Randes in ein sterilisiertes Einmachglas.

2. Dann bringt ihr in einem Topf 1 Liter Wasser zum Kochen, gebt den Zucker dazu und lasst alles so lang köcheln, bis der Zucker sich vollständig aufgelöst hat. Dann schüttet ihr das heiße Zuckerwasser über die Kirschen in das Einmachglas: Sie müssen komplett mit Flüssigkeit bedeckt sein.

3. Die Gläser gut verschließen und in den Einkochautomaten geben – und weitermachen, wie ich es auf Seite 207 beschrieben habe.

Tipp: Das Prinzip des Einkochens ist bei allen Früchten gleich, daher könnt ihr statt der Kirschen auch geschälte Apfel- oder Birnenstücke oder entkernte Zwetschgen, Pflaumen oder Mirabellen nehmen. Alle Früchte halten sich so eingekocht mindestens ein Jahr.

GEMÜSE EINKOCHEN – ZUM BEISPIEL PAPRIKA

Ergibt: 1 große Glas (1500 ml)
25 Min.

Aus eigener Ernte: *400 g Paprika • 1 Zwiebel • Thymian und/oder Oregano*
Weitere Zutaten: *2 Knoblauchzehen • 125 ml Weinessig • 3 EL Zucker • 3 EL Salz*

1. Paprika waschen, halbieren und die Kernchen und Innenstege entfernen. Paprika dann in Streifen schneiden. Zwiebel und Knoblauch schälen. Die Zwiebel in feine Ringe schneiden, der Knoblauch darf ganz bleiben.

2. Paprika und Zwiebelringe in ein sterilisiertes Einmachglas schichten und den Knoblauch dazwischenstecken. Lasst nach oben 2 Zentimeter Luft.

3. 250 Milliliter Wasser aufkochen, Essig, Zucker, Salz und Thymian und/oder Oregano dazugeben und alles kochen, bis sich das Salz vollstänidg aufgelöst hat.

4. Den heißen Sud über das Gemüse ins Einmachglas schütten. Es muss komplett mit Flüssigkeit bedeckt sein. Die Gläser gut verschließen, in den Einkochautomaten geben und wie auf Seite 207 beschrieben fortfahren.

Tipp: Auch beim Gemüse könnt ihr andere Sorten nehmen. Das Salz und der Essig verhindern wie der Zucker, dass sich Keime breitmachen.

REZEPTE ZUM SOFORT-GENIESSEN: SCHNELL UND EINFACH!

Vielleicht ist euch aufgefallen, dass ich euch nur ein einziges Grundrezept für das Einmachen von Gemüse empfohlen habe. Das hat einen einfachen Grund: Ich habe bisher nur dieses eine ausprobiert. Denn das meiste Gemüse esse ich immer sofort, weil es einfach so unglaublich lecker ist. Und dann habe ich noch Hühner und Pferde, die ebenfalls mitnaschen. Den Rest friere ich ein (Zucchini) oder lagere ihn (Kartoffeln, Zwiebeln, Möhren), um dann wieder frisch damit kochen zu können.

Beim Obst, bei den Blüten und Beeren aus dem Garten ist das anders: Erstens fallen sie in kürzester Zeit in so großen Mengen an, dass ich nie alles direkt essen kann, und zweitens mag ich Marmelade einfach so unglaublich gern, dass ich ständig neue Sorten ausprobiere und diese dann auch sehr genieße. Außerdem verschenke ich sie gern, denn so können auch meine Freunde und Familienmitglieder ein bisschen an meinem kleinen Gartenparadies teilhaben – auch wenn sie Hunderte Kilometer entfernt in ihrem Esszimmer sitzen.

Auf den folgenden Seiten verrate ich euch nun einige meiner Lieblingsrezepte zum Sofort-Genießen. Sie sind alle sehr einfach und kosten nur wenig Zeit. Aber sie vermitteln das gute Gefühl, dass man etwas Gesundes aus dem eigenen Garten verarbeitet hat. Etwas Frisches, das man mit Liebe aufgezogen hat. Wenn ihr gut seid in der Küche und schon viel Erfahrung mit der Verarbeitung von frischen Lebensmitteln habt, dann habt ihr mit Sicherheit viel bessere und aufwendigere Ideen. Die folgenden Seiten sind eher als Anregung für diejenigen gedacht, die sich mit dem Kochen ähnlich schwertun wie ich.

Aber auch hier gilt: einfach loslegen. Die folgenden Rezepte sind wie das Motivationsgemüse. Sie gelingen auf jeden Fall. Und vielleicht denkt ihr beim Nachkochen dann mal an mich – das würde mich freuen.

Das Schöne am Homefarming ist, dass ihr immer frische Lebensmittel im Haus habt, mit denen ihr blitzschnell etwas Leckeres zaubern könnt.

BEEREN-KEFIR

Ergibt: 2 Gläser à 250 ml
2 Min.

Aus eigener Ernte: *1 Handvoll Himbeeren. Brombeeren oder Erdbeeren*
Weitere Zutaten: *1 Becher Kefir (500 g)*

1. Ihr schüttet den Kefir in einen Mixer, gebt die Beeren aus eurem Garten dazu (vorher kurz waschen), mixt alles einmal kräftig durch und genießt. Nichts geht schneller, nichts schmeckt am Morgen besser.

Tipp: Natürlich könnt ihr den Drink auch mit Buttermilch oder laktosefreier Milch zubereiten. Ihr könnt auch Quark mit in den Mixer tun, dann ist es eher ein Frühstückchen. Und im Winter könnt ihr auch einfach gefrorene Beeren verwenden.

APFEL-MÖHREN-SAFT

Ergibt: 2 Gläser à ca. 200 ml
5 Min.

Aus eigener Ernte: *2 Äpfel • 2 Möhren*

1. Ihr wascht die Äpfel und schrubbt die Möhren mit einer Bürste gründlich sauber. Dann schneidet ihr alles in Stücke und gebt diese in den Entsafter. Ihr müsst bei den Äpfeln weder die Schale noch das Kerngehäuse entfernen und bei den Möhren nur das obere Ende abschneiden. Heraus kommt ein wunderbarer, frischer, vitaminreicher Saft. Gesünder geht's nicht. So ein Entsafter ist also eine wirklich gute Investition, wenn ihr eigenes Obst und Gemüse habt.

Tipp: Falls ihr Hühner habt: Sie lieben die Äpfel- und Möhrenreste, die beim Entsaften als »Abfall« zurückbleiben. Wenn ich mit diesen Resten ins Gehege komme, wird der Tag sofort zu ihrem Lieblingstag

HIMBEER-JOGHURT-BOWL

Ergibt: 1 Portion
2 Min.

Aus eigener Ernte: *Himbeeren und/oder Brombeeren, Erdbeeren* **Weitere Zutaten:** *1 Becher Naturjoghurt (150 g) • Honig oder Agavendicksaft (nach Belieben) • Kokosnussflocken, Chiasamen, gehackte Mandeln, Weizenkleie (nach Belieben)*

1. Verrührt den Joghurt mit etwas Honig oder Agavendicksaft und füllt ihn in eine Frühstücks-Bowl. Dann legt ihr die Beeren streifenweise darauf und dekoriert ebenfalls in Streifen nach Belieben eure Toppings dazu: Ich mag zum Beispiel gern Kokosnussflocken, Chiasamen und gehackte Mandeln. Natürlich könnt ihr auch ein paar Ballaststoffe wie Weizenkleie dazustreuen oder ein fertiges Müsli unterrühren.

Tipp: Ihr könnt eure Bowl-Kunstwerke jeden Tag verändern und zum Beispiel den Joghurt durch Quark ersetzen oder mit anderen Beeren mixen. Dann habt ihr beispielsweise einen Blaubeerquark, dem ihr obendrauf aber ein frisches Himbeer-Topping gebt. Der Fantasie sind keine Grenzen gesetzt. Aber eins bleibt: das gute Gefühl, mit selbst angebauten Beeren in den Tag zu starten. Gesund, nachhaltig und einfach so lecker.

SPIEGELEI-PIZZA MIT TOMATE

Ergibt: 1 Portion
5 Min.

Aus eigener Ernte: *3 bis 4 Eier • 2 Tomaten*

1. Dieses Rezept ist wahnsinnig einfach, aber auch wahnsinnig lecker: Ihr schlagt dazu einfach die Eier in eine Pfanne und lasst sie bei mittlerer Hitze ein bisschen braten.

2. Dann schneidet ihr die Tomaten in Scheiben, legt sie auf die Spiegeleier und bratet das Ganze noch einige Minuten zusammen, sodass die Tomaten schön warm werden – fertig ist die Spiegelei-Pizza! Ich esse sie gern auf Butterbrot, aber man kann sie auch ganz ohne Brot genießen. Kohlenhydratfrei und eiweißreich, falls ihr darauf bei eurer Ernährung Wert legt. Und wenn ihr gerade Diät macht, lasst ihr das Eigelb einfach weg, denn darin befinden sich die meisten Kalorien.

Tipp: Kinder lieben die Spiegelei-Pizza und sie ist nun wirklich gesünder als das teigige Original.

CAPRESE

Ergibt: 4 Portionen
5 Min.

Aus eigener Ernte: *4–6 Tomaten (je nach Größe) • frisches Basilikum* **Weitere Zutaten:** *2 Kugeln Mozzarella (à 125 g) • 2 EL Olivenöl • grobes Meersalz und Pfeffer aus der Mühle • Balsamico-Creme (nach Belieben)*

---

1. Ihr wascht die Tomaten und schneidet sie in Scheiben. Das Gleiche macht ihr mit dem Mozzarella. Dann legt ihr zuerst die Tomaten auf zwei großen Tellern aus und obendrauf dann je eine Scheibe Mozzarella. Das Ganze garniert ihr mit je einem frisch gezupften Basilikumblatt.

2. Träufelt das Olivenöl über die Tomaten und den Käse und würzt alles mit etwas Salz und frisch gemahlenem Pfeffer. Und zum Schluss spritzt ihr in hübschen Streifen noch etwas von der Balsamico-Creme darüber – fertig ist die superleckere Caprese.

RUCOLA-SALAT MIT KIRSCHTOMATEN

Ergibt: 2 Portionen
5 Min.

Aus eigener Ernte: *1 Schüssel Rucola-Salat • etwa 20 kleine Strauchtomaten* **Weitere Zutaten:** *2 EL Olivenöl • 1 EL Aceto balsamico oder Balsamico-Creme • grobes Meersalz und Pfeffer aus der Mühle • 100 g Parmesan*

---

1. Den Rucola waschen, trocken schleudern und die langen Stiele abschneiden. Den Salat dann in eine Salatschüssel geben.

2. Die Kirschtomaten waschen, trocken tupfen, halbieren und auf dem Rucola drapieren. Olivenöl und Aceto balsamico bzw. Balsamico-Creme auf den Salat geben und mit Salz und Pfeffer würzen. Zum Schluss den Parmesan in groben Spänen darüberreiben.

Tipp: Wenn ihr den Rucola auf eurem Balkon oder in eurem Garten erntet, bevor er blüht, ist er noch nicht so scharf.

BUNTER GARTENSALAT

Ergibt: 4 Portionen
10 Min.

Aus eigener Ernte: *1 Kopfsalat (ersatzweise dieselbe Menge Pflücksalat) • 5–8 Radieschen • 1 Salatgurke • 1 Zwiebel* **Weitere Zutaten:** *5 EL Olivenöl • 2–3 EL Agaven-Balsamico (ersatzweise Aceto balsamico und etwas Agavendicksaft) • Salz und Pfeffer aus der Mühle*

1. Ihr wascht den Salat gründlich und sucht ihn dabei vorsichtshalber noch mal ordentlich nach Raupen und Schnecken ab, denn da habe ich schon einiges erlebt. Danach schleudert ihr die Salatblätter kurz trocken und zupft die Blätter in mundgerechte Größe.

2. Die Radieschen waschen und das Grüne und die Wurzel wegschneiden. Die Gurke waschen und die Enden abschneiden. Dann alles in Scheiben schneiden. Die Zwiebel schälen, fein würfeln und mit dem Gemüse und dem Salat mischen.

3. Für das Dressing das Olivenöl mit dem süßlichen Agaven-Balsamico verrühren und mit Salz und frisch gemahlenem Pfeffer würzen. Über den Salat geben und alles vorsichtig miteinander vermengen.

Übrigens: Ein sehr kalorienreduziertes Dressing lässt sich herstellen, wenn ihr ½ Salatgurke schält, püriert und dann mit Zitronensaft, etwas Wasser, klein gehackten Zwiebeln und Salz und Pfeffer mischt bzw. die Mischung dann noch mal durchpüriert. Komplett ölfrei und gesund!

SPINAT MIT NÜSSEN, HIMBEEREN UND SCHAFSKÄSE

Ergibt: 2 Portionen
10 Min.

Aus eigener Ernte: *1 Schüssel Spinat • 1 Handvoll Himbeeren* **Weitere Zutaten:** *6 Walnüsse • 200 g Schafskäse (Feta) • 3 EL Olivenöl • 2–3 EL Himbeeressig • Salz • rosa Pfeffer (nach Belieben)*

---

1. Den frisch geernteten Spinat gründlich waschen und trocken schleudern. Die Himbeeren kurz abbrausen und auf einem Stück Küchenpapier abtropfen lassen.

2. Die Walnüsse knacken, die Kerne herauspulen, grob hacken und mit dem Spinat in eine Salatschüssel geben. Den Schafskäse dazukrümeln.

3. Für das Dressing Olivenöl und Himbeeressig verrühren und mit einer Prise Salz und nach Belieben auch noch mit grob zerstoßenem rosa Pfeffer würzen. Über den Spinat geben und alles miteinander vermengen. Zum Schluss noch vorsichtig die Himbeeren unterheben. Sie sollten möglichst wenig zerdrückt werden. Das Auge isst schließlich auch mit.

FELDSALAT MIT JOGHURT UND MANDELN

Ergibt: 2 Portionen
5 Min.

Aus eigener Ernte: *1 Schüssel Feldsalat* **Weitere Zutaten:** *300 g fettarmer Joghurt • 100–200 g gehackte Mandeln • Honig (nach Belieben) • Salz und Pfeffer aus der Mühle*

---

1. Den Feldsalat gründlich waschen und putzen, trocken schleudern und in eine Schüssel geben.

2. In einem Schälchen den Joghurt mit den gehackten Mandeln verrühren und nach Belieben mit Honig, Salz und frisch gemahlenem Pfeffer würzen. Die Sauce über den Feldsalat geben. Schmeckt unglaublich frisch.

Tipp: Ihr könnt das Dressing auch mit Schmand und saurer Sahne anrühren, aber dann hat es kalorienmäßig mehr Wumms und ich finde nicht, dass der Salat dadurch deutlich besser schmeckt. Probiert es aber mal mit wirklich richtig vielen Mandelstückchen aus. Es schmeckt dann fast wie ein Nachtisch: toll frisch, süß und knackig. Ich mag das sehr gern.

MÖHREN-KÜRBIS-SUPPE

Ergibt: 4 Portionen
10 Min. + 15 Min. Garzeit

Aus eigener Ernte: *1 kg Kürbis • 400 g Möhren • 1 Zwiebel • ein paar Blätter Rucola oder Petersilie*
Weitere Zutaten: *Olivenöl • 1 l Gemüsebrühe • Saft von ½ Orange • Salz und Pfeffer aus der Mühle • 200 g Schmand*

1. Ihr wascht den Kürbis, halbiert ihn und entfernt je nach Sorte die Schale (die kann man nämlich nur bei manchen mitessen). Dann nehmt ihr die Fasern und Kerne heraus und schneidet das Fruchtfleisch in Würfel. Die Möhren und die Zwiebeln schälen und in kleinere Würfel schneiden.

2. In einem Topf etwas Öl erhitzen und die Zwiebelwürfel darin andünsten, bis sie glasig werden. Dann den Kürbis und die Möhren dazugeben und kurz mitdünsten. Die Gemüsebrühe und den Orangensaft zufügen, alles kurz aufkochen und dann auf kleinerer Flamme etwa 15 Min. köcheln lassen. Anschließend mit dem Pürierstab fein pürieren und mit Salz und Pfeffer würzen.

3. Die fertige Suppe in Schalen füllen, je einen Klecks Schmand dazu und noch etwas Rucola oder Petersilie darüberzupfen: So lecker schmeckt der Herbst!

TOMATENSUPPE

Ergibt: 4 Portionen
10 Min. + 10 Min. Garzeit

Aus eigener Ernte: *1 kg Tomaten • 1 Zwiebel • 2–3 Zweige Basilikum* **Weitere Zutaten:** *1 Knoblauchzehe • Olivenöl • ½ l Gemüsebrühe • Salz und Pfeffer aus der Mühle*

1. Die Tomaten waschen und vierteln, dabei gleich den Stielansatz entfernen. Danach die Zwiebel und die Knoblauchzehe schälen und in kleine Würfel schneiden.

2. Etwas Olivenöl in einem Topf erhitzen und die Zwiebel- und Knoblauchwürfelchen kurz darin anschwitzen. Jetzt die Tomaten dazugeben und einige Minuten mitdünsten. Die Gemüsebrühe dazugießen und alles etwa 10 Min. auf kleiner Flamme köcheln lassen. Währenddessen die Blätter vom Basilikum zupfen (ihr braucht etwa 10 Stück) und in Streifen schneiden.

3. Die Suppe mit dem Pürierstab zerkleinern, die Basilikumblätter unterrühren und alles mit Salz und Pfeffer abschmecken.

4. Die fertige Suppe dann in Schalen füllen, noch ein paar Basilikumblätter obendrauf legen – ganz oder auch in Streifen – und fertig ist die frischeste Tomatensuppe der Welt.

GEGRILLTER KOHLRABI

Ergibt: 2 Portionen
5 Min. + 15–20 Min. Grillzeit

Aus eigener Ernte: *1– 2 Kohlrabi (je nach Größe)* **Weitere Zutaten:** *Olivenöl • ½ Knoblauchzehe • Balsamico-Creme • Salz und Pfeffer aus der Mühle*

1. Nachdem ihr euch den Kohlrabi frisch aus dem Beet gepflückt habt, entfernt ihr die Blätter und Stiele und schält die Knolle(n).

2. Dann schneidet ihr sie in etwa 1 Zentimeter dicke Scheiben und legt diese in eine Auflaufform, die ihr vorher mit etwas Olivenöl beträufelt habt.

3. Die Kohlrabischeiben beträufelt ihr nun ebenfalls mit Olivenöl und verreibt es dann mit der halben Knoblauchzehe etwas. Jetzt noch etwas Balsamico-Creme über die Kohlrabischeiben geben, mit Salz und frisch gemahlenem Pfeffer würzen und dann mitsamt der Auflaufform auf den Grill stellen.

4. Nach etwa 15–20 Min. ist der Kohlrabi gar, aber noch bissfest. Nun könnt ihr ihn genauso servieren. Für mich war er eine wahre Entdeckung auf dem Grill und eine echte Alternative zum Fleisch.

GEGRILLTE THYMIAN-KARTOFFELN

Ergibt: 4 Portionen
5 Min. + 30–40 Min. Grillzeit

Aus eigener Ernte: *10 kleine oder mittelgroße Kartoffeln (je nach Hunger) • 5 Zweige Thymian*
Weitere Zutaten: *Olivenöl • grobes Meersalz und Pfeffer aus der Mühle*

---

1. Ihr wascht die Kartoffeln, schrubbt sie gründlich mit einer Bürste ab und schneidet eventuell dunkle Stellen heraus. Schälen müsst ihr die Kartoffeln nicht. Ihr werdet ohnehin feststellen, dass die Knollen aus eurem Beet eine so dünne Schale haben, dass sie beim Essen überhaupt nicht stört, aber die Kartoffeln dafür wunderschön aussehen: nach Landleben und lecker.

2. Schneidet die Kartoffeln in kleine Stücke und legt sie in eine Auflaufform, die ihr vorher mit etwas Olivenöl beträufelt habt. Dann gebt ihr noch etwas Olivenöl über die Kartoffeln, zupft den Thymian darüber und würzt alles mit Meersalz und Pfeffer. Und dann ab auf den Grill damit! Je nach Größe der Kartoffelstücke ist euer Essen nach etwa 30–40 Min. fertig.

GEMÜSEPFANNE

Ergibt: 4 Portionen
7 Min. + 20–30 Min. Grillzeit

Aus eigener Ernte: *2–3 Möhren • 1 Zucchino • 4 Zwiebeln* **Weitere Zutaten:** *Olivenöl • Salz und Pfeffer aus der Mühle*

---

1. Die frisch geernteten Möhren mit einer Bürste ordentlich abschrubben und das obere Ende sowie mögliche dunkle Stellen wegschneiden. Die Möhren dann in Scheiben schneiden.

2. Die Zwiebel schälen und halbieren. Den Zucchino waschen, die Enden abschneiden, größere Exemplare evtl. schälen (bei kleineren Zucchini ist die Schale so fein, dass ihr sie nicht schälen braucht) und in Scheiben oder Würfel schneiden.

3. Eine Auflaufform oder Grillpfanne mit Olivenöl auspinseln und die Zwiebelhälften und die Möhrenscheiben hineingeben, mit Salz und Pfeffer würzen und ab auf den Grill damit. Nach etwa 10 Min. die Zucchinistückchen dazugeben. Zwischendurch umrühren.

4. Nach insgesamt 20–30 Min. ist die Gemüsepfanne fertig. Ihr könnt es an der Konsistenz der Möhren prüfen.

SPAGHETTI MIT FRISCHEN TOMATEN UND BASILIKUM

Ergibt: 2 Portionen
5 Min. + 8–10 Min. Garzeit

Aus eigener Ernte: *4 Tomaten • etwa 20 Basilikumblätter* **Weitere Zutaten:** *Spaghetti • Meersalz • Pfeffer aus der Mühle • grob geriebener Parmesan (nach Belieben)*

---

1. Das ist wahrscheinlich das einfachste Pasta-Gericht der Welt, aber meiner Meinung nach auch das leckerste: Ihr wascht die Tomaten und viertelt sie, dabei schneidet ihr auch gleich die Stielansätze heraus.

2. Dann kocht ihr die Spaghetti in reichlich kochendem Salzwasser nach Packungsbeilage al dente. Das dauert etwa 8–10 Min.

3. Die Spaghetti in ein Sieb abgießen, abtropfen lassen und auf Teller verteilen. Die Tomatenviertel und die Basilikumblätter auf die Pasta legen und alles mit einer guten Portion Olivenöl beträufeln. Mit grobem Meersalz und frischem Pfeffer würzen.

4. Jetzt den grob geriebenen Parmesan darüberstreuen und fertig ist das selbst gemachte Italiengefühl auf eurem Balkon oder der Terrasse.

BRATAPFEL

Ergibt: 1 Portion
2 Min. + 35 Min. Backzeit

Aus eigener Ernte: *1 säuerlicher Apfel* **Weitere Zutaten:** *Honig • Mandelblättchen*

1. Besser geht's nicht im Winter: Ihr heizt den Backofen auf 200 Grad (Ober-/Unterhitze) vor, wascht den Apfel und stecht das Kerngehäuse heraus. Dann stellt ihr den Apfel in eine Auflaufform, träufelt ordentlich Honig darüber und streut die Mandelblättchen obendrauf. Und dann ab damit in den Ofen. Nach etwa 35 Min. ist der Bratapfel fertig.

Tipp: Ihr könnt den Apfel auch noch mit Marzipan oder Rosinen füllen – ganz wie ihr mögt. Lecker ist er auch mit etwas Zimtpulver obendrauf.

EIS MIT HEISS

Ergibt: 1 Portion
5 Min.

Aus eigener Ernte: *eingemachte Kirschen oder Pflaumen* **Weitere Zutaten:** *¼–½ TL Speisestärke • Vanilleeis*

1. Schneller geht nichts: Ihr schnappt euch ein Einmachglas mit eingelegten Kirschen oder Pflaumen, entnehmt eine ordentliche Portion und erwärmt sie in einem kleinen Topf.

2. Speisestärke erst mit etwas Wasser anrühren und dann unter die Früchte rühren, damit der Saft leicht andickt. Dann gießt ihr die heiße Fruchtsauce über das Vanilleeis. Ein Träumchen!

DIE WELT DER EXPERTEN: ZU BESUCH IM BENEDIKTINER-KLOSTER IN BEURON

800 km von Hamburg entfernt, mitten im Naturpark Obere Donau in Baden-Württemberg, liegt umgeben von bewaldeten schroffen Bergen die Erzabtei St. Martin – ein Kloster, in dem 35 Benediktiner-Mönche leben und in dem bis zu 50 Gäste Ruhe und Einkehr finden können.

Klöster haben eine lange Tradition in der Gartenkunde. Nach der Regel des heiligen Benedikt sollten Mönche Selbstversorger sein. Über Jahrhunderte betrieben sie daher Obst- und Gemüseanbau, züchteten neue Sorten und erhielten die alten. Und doch war es gar nicht so einfach, ein Kloster zu finden, in dem es auch heute noch einen großen Nutzgarten gibt. Kräutergärten und wunderschöne Ziergärten haben viele – aber in Beuron setzt man tatsächlich noch auf die alte Tradition des Selbstversorgens. Da muss ich hin, dachte ich mir und fuhr los.

Telefonisch hatte ich mich erkundigt, wer denn für den Gemüsegarten und für die Verarbeitung der Lebensmittel zuständig sei: »Bruder Felix und Bruder Markus«, war die Antwort. »Und in der Küche ist Gerold Eppner der Chef. Das ist unser Koch. Ein Externer. Bruder Felix wird sie gern begrüßen und herumführen. Er ist es vor allem, der sich um den Gemüsebereich kümmert.«

Ich war gespannt, als ich am ausgemachten Treffpunkt am Parkplatz wartete, und ich hatte mit vielem gerechnet – aber mit einem Mönch in schwarzer Kutte und passender Baseballcap, der früher Bass-Gitarre in einer Rockband gespielt hat, nicht. Bruder Felix. Ein fröhlicher und doch tiefsinniger Mensch. »Kommen Sie mit, ich zeige Ihnen zuerst den Klosterladen«, sagte er und stieg mit mir über eine steile steinerne Treppe hoch auf den Platz vor der Klosterkirche, an dessen rechter Seite sich der Eingang zum Klosterladen befand. Schon an der Tür: Körbe mit Kürbissen und Artischocken aus dem Klostergarten. »Die verkaufen wir hier, wenn wir selbst im Garten zu viele haben«, erklärte Bruder Felix. »Und hier im Laden bekommen Sie noch viele andere Klosterprodukte, die aus unserem Garten kommen.«

Als er mich an den Tischen mit christlichen und spirituellen Büchern und Mitbringseln vorbeiführte und ich den großen Bauernschrank mit den Klosterprodukten sah, war ich erst einmal beeindruckt. Für mich hieß das Verarbeiten der Gartenprodukte bisher in erster Linie, die Lebensmittel direkt zu genießen, sie haltbar zu machen oder zumindest richtig zu lagern. Aber angesichts der Warenauslage hier im Kloster wurde mir klar: Es geht noch viel mehr! Man kann mit den Produkten aus dem Garten kosmetische Cremes herstellen, Essig produzieren, Liköre, Edelbrände und Weine. Mit dem reichhaltigen alkoholischen Angebot hatte ich hier im Kloster ehrlich gesagt überhaupt nicht gerechnet.

BRUDER FELIX, ICH BIN BEEINDRUCKT. KOMMEN DIE INHALTSSTOFFE FÜR ALL DIESE PRODUKTE WIRKLICH AUS IHREM GARTEN?
Ja, das meiste schon. Wir haben hier viele Kräuter, aus denen wir Essenzen herstellen. Diese verarbeiten wir dann weiter zu den alkoholischen Getränken oder bringen sie zu einem regionalen Kosmetikhersteller, der die Cremes für uns produziert. Es sind aber nicht nur Kräuter, die wir hier verarbeiten. Aus den Äpfeln entstehen Apfelsaft und Apfel-Balsamico-Essig und aus den Artischocken machen wir hier im Kloster einen sehr beliebten Wein. Also genauer gesagt ein »weinhaltiges Getränk«. Der Artischockenpflanze werden entgiftende Wirkungen zugeschrieben und sie soll die Fettverdauung unterstützen.

Bei meinem Besuch im Kloster in Beuron waren gerade die Kürbisse und Artischocken erntereif. Und es gab so viele davon, dass sie zum Teil im Klosterladen weiterverkauft wurden.

WIE MACHT MAN DENN AUS ARTISCHOCKEN EINEN WEIN? KÖNNTEN SIE MIR DAS SO BESCHREIBEN, DASS ES AUCH EIN ANFÄNGER VERSTEHT?
Das ist wirklich nicht schwer. Ich ernte dafür nicht die Blütenknospe, sondern die Blätter und Wurzeln. Die lasse ich etwas anwelken und dann zerkleinere ich sie im Häcksler. Das zerkleinerte Artischockengrün lege ich dann für drei Wochen in 30-prozentigen Alkohol. In dieser relativ langen Zeit werden alle wertvollen Inhaltsstoffe extrahiert. Dann nehme ich die Pflanzenteile mit einem Sieb aus dem Behälter und gebe sie in eine Handpresse, um auch noch die letzte Flüssigkeit aus den Blättern zu gewinnen. Dieses gesamte »Mazerat« ergibt dann zusammen mit Weißwein vom Bodensee den »Artischockenwein«. Ich habe da auch noch eine andere Rezeptur, aber die ist unser Geheimnis. (Bruder Felix schmunzelt.)

DASS ES IM KLOSTER GEHEIMNISSE GIBT, HABE ICH MIR SCHON GEDACHT. (ICH SCHMUNZELE ZURÜCK.) WACHSEN DIE ARTISCHOCKEN DENN TATSÄCHLICH HIER IM KLOSTERGARTEN? ICH HATTE DIE IMMER IN SÜDLICHEN LÄNDERN VERORTET.
Ja, wir haben unten im Garten große Beete mit Artischocken. Wir säen sie Ende März im Gewächshaus aus und topfen sie auch dort. Aus-

→

Die Rezeptur für den klostereigenen »Artischockenwein« ist ein Geheimrezept. Der Wein soll die Verdauung unterstützen und entgiftend wirken.

gepflanzt ins Beet wird dann Mitte Juni. Und ich sage Ihnen, Sie brauchen Geduld. Denn die Artischocke hat zunächst Probleme, wenn sie ins Freiland kommt. Sie mag es warm. Aber wenn man ihr die Zeit zur Akklimatisierung lässt, dann funktioniert es. Die ausgewachsenen Pflanzen überstehen im Herbst sogar bis zu minus 5 Grad ohne Schaden. Geduld ist überhaupt sehr wichtig im Garten. Kommen Sie, ich zeige Ihnen die Beete.

Danke, dachte ich. Meine Neugierde hatte nämlich schon wieder längst über meine Geduld gesiegt. Ich wollte nun unbedingt den Garten sehen, der all das hier hervorbrachte. »Lerne ich den Küchenleiter noch kennen?«, fragte ich. »Ja, der kommt gleich zu uns und bringt auch ein paar Lebensmittel mit, die er dort geerntet und haltbar gemacht hat.« Ich will jetzt nicht sagen, dass meine Gebete erhört wurden, aber ich war tatsächlich froh, dass Bruder Felix offenbar genau wusste, womit er mich – und auch euch als Leser – jetzt glücklich machen konnte. Ein kleiner Fußweg führte uns nun in den Privatbereich des Klosters, der durch ein riesiges Holztor vom öffentlichen Bereich getrennt ist. Und schon kurze Zeit später sah ich ihn: den Obst- und Nutzgarten. Eine wirklich große Fläche mit Gemüsebeeten, Obstbäumen, Kräutern und Blumen für die Insekten.

WAS HABEN SIE ALLES AN GEMÜSE IN DIESEM GARTEN?

Wir haben verschiedene Salate, von denen ich den Zuckerhut ganz besonders mag. Und wir pflanzen Zwiebeln, Rote Rüben, Lauch und Sellerie, Bohnen, Mangold, Zucchini, Kürbisse, verschiedene Kohlsorten, Rettich, Brokkoli, Kartoffeln, Paprika, Auberginen, Gurken und Tomaten an. Ich habe bestimmt noch was vergessen.

UND DAS ALLES HIER BEWIRTSCHAFTEN SIE WIRKLICH ALLEIN MIT BRUDER MARKUS?

Ja, da ist unser Reich hier. Wir haben beide Gärtner gelernt, bevor wir in den Orden eingetreten sind. Ich bin jetzt schon fast 37 Jahre hier und Bruder Markus ist seit 33 Jahren dabei. Wir kümmern uns auch um die restlichen Gartenflächen des Klosters und dort haben wir Hilfe von Teilzeitkräften. Den Garten hier unten bewirtschaften wir in der übrigen Zeit aber meistens allein. Nur um die Obstbäume müssen wir uns nicht kümmern, das macht Bruder Wendelin. Das alles lohnt sich nur, weil wir ja kein Gehalt in dem Sinne bekommen. Wir machen das aus Freude. Und die Mitbrüder profitieren davon, weil wir die Lebensmittel, die wir hier ernten, eben auch in der Klosterküche verarbeiten.

WISSEN DIE ANDEREN BRÜDER DAS ZU SCHÄTZEN, DASS SIE HIER SO VIEL ARBEIT REINSTECKEN?
Zum Teil. (Lacht.)

ABER FREIWILLIG MITHELFEN TUN SIE DESHALB NICHT?
Ich glaube nicht. Wenn ich jetzt zu einem Bruder gehen würde und sagen würde: »Hilf mit, sonst kaufen wir es.« Dann würde er sagen: »Dann kaufen wir es.« (Lacht wieder.)

ABER WARUM MACHEN SIE DAS HIER IN BEURON NOCH MIT DEM SELBSTVERSORGEN? IST DAS DER ANSPRUCH DES KLOSTERS ODER DER INDIVIDUELLE VON BRUDER MARKUS UND IHNEN?
Wahrscheinlich beides. Wir bauen Gemüse für den Eigenbedarf an, weil es einfach immer so war und Bruder Markus und ich uns nicht vorstellen könnten, damit aufzuhören. Außerdem wissen wir dadurch, was wir essen. Wir kultivieren unsere Pflanzen weitestgehend biologisch.

WAS BEDEUTET IHNEN DIE GARTENARBEIT?
Samen aussäen, beobachten, wie eine neue Pflanze entsteht, diese pikieren, topfen, auspflanzen, die Pflanzen hegen und pflegen: Das alles macht etwas mit mir. Es macht mich staunend, dankbar und ich bin einfach glücklich. Die Pflanzen können mir nicht egal sein. Sie sind Teil meines Lebens. So ist es auch mit Tieren und erst recht mit meinen Mitmenschen.

FÜHLEN SIE SICH GOTT NÄHER, WENN SIE IM GARTEN ARBEITEN UND ERNTEN? WEIL SIE DANN MIT DER SCHÖPFUNG ZU TUN HABEN?
Schöne Frage. (Schmunzelt.) Ich glaube schon. Die Arbeit im Garten hat mich gelehrt, dass ich nicht der Macher bin, sondern der Beschenkte. Beim Umgang mit der Erde und mit den Pflanzen weiß ich mich intensiv verbunden mit der Schöpfung und somit auch mit dem Schöpfer. Ich freue mich an der Natur, am Zusammenleben so vieler verschiedener Organismen, die zusammen ein wunderbares Ganzes ergeben.

REICHT DAS, WAS SIE IM GARTEN ANBAUEN, DENN TATSÄCHLICH ZUR SELBSTVERSORGUNG VON 35 MÖNCHEN UND GÄSTEN AUS?
Nein, nicht ganz. Aber dazu fragen Sie am besten unseren Küchenleiter, der dort gerade kommt.

Und tatsächlich. Wie gerufen kam in diesem Moment Gerold Eppner den kleinen Grashang zum Gemüsegarten hinuntergelaufen, vorbei an dem Bienenhaus, das dem Kloster auch noch eigenen Honig beschert. Gerold Eppner arbeitet seit fünf Jahren im Kloster Beuron und versorgt mit seinem Team in der Großraumküche nicht nur

Gartenexperten unter sich: Bruder Felix und Bruder Markus begutachten den Zuckerhutsalat, um den optimalen Erntezeitpunkt nicht zu verpassen.

→

Gerold Eppner ist Herr über die Klosterküche und ein Meister im Einkochen. Den Brüdern schmeckt's und den Gästen auch.

die 35 Benediktiner-Brüder, sondern auch Gäste und die Teilnehmer kirchlicher Veranstaltungen wie der Erstkommunion, bei der beispielsweise noch mal rund 200 Kinderessen hinzukommen.

HERR EPPNER, WIE SCHÖN, DASS SIE SICH AUCH DIE ZEIT GENOMMEN HABEN. SIND SIE OFT HIER IM GARTEN UND HELFEN BEIM ERNTEN ODER HABEN SIE IHRE KÜCHE JETZT NUR FÜR UNSER GESPRÄCH VERLASSEN?

Ich bin schon manchmal hier und helfe mit meinem Küchenteam beim Ernten mit. Aber eigentlich ist dies das Reich von Bruder Markus und Bruder Felix.

ICH HABE MIT BRUDER FELIX GERADE SCHON DARÜBER GESPROCHEN: SCHAFFEN SIE ES, ALLE MÖNCHE UND GÄSTE MIT DIESEM GARTEN ZU VERSORGEN?

Das Problem ist, wir haben eine bestimmte Zeit im Jahr, in der alles auf einmal reif ist. Das verteilt sich nicht über das ganze Jahr. Innerhalb von drei bis vier Monaten kommt massenhaft Gemüse aus dem Garten: Tomaten, Gurken, Zucchini, Auberginen, Paprika … In diesen Sommermonaten kann ich alles, was ich in der Küche an Gemüse brauche, komplett aus dem Garten nehmen. Da sind wir dann Selbstversorger.

WIRD IM WINTER DENN NICHTS ANGEBAUT, WAS IN DER KÜCHE VERWENDET WIRD?

Doch, Feldsalat. Im Gewächshaus. Den haben wir den ganzen Winter durch. Dazu Rote Bete, Lauch, Sellerie und Kürbis. Aber das reicht nicht, um so viele Menschen satt zu bekommen. Deshalb machen wir viel Gemüse ein. Tomaten zum Beispiel und Gurken. Die Marmelade hält sich natürlich auch, die eingemachten Früchte, dazu der Honig. Wir haben schon einiges, was wir in den kälteren Jahreszeiten noch verbrauchen können.

WIE LEGEN SIE DIE GEMÜSE DENN EIN? VERRATEN SIE MIR EIN REZEPT?

Nehmen wir mal die Tomaten. Die werden frisch geerntet, dann punktiere ich jede Tomate mit dem Zahnstocher fünf- bis sechsmal und fülle sie in ein Einmachglas mit Schraubverschluss. Dann koche ich einen Sud aus Wasser, dem klostereigenen Apfel-Balsamico-Essig, Thymian, Oregano und rühre Zucker mit ein. Den heißen Sud schütte ich über die Tomaten in das Glas. Dann sofort den Deckel drauf, damit ein Vakuum entsteht. Diese Tomaten können Sie als Antipasti das ganze Jahr hindurch verwenden.

UND GURKEN EINMACHEN? WIE WIRD DAS HIER IM KLOSTER GEMACHT?

Wir haben jedes Jahr eine regelrechte Gurkenschwemme. Ganz viele! Deshalb nehme ich auch hier einen Zahnstocher, steche ein paarmal rein in jede Gurke und schichte die dann abwechselnd mit Zwiebeln ins Glas. Dann koche ich einen Sud aus Wasser, Essig, Zucker, Senfkörnern und Wacholderbeeren, Lorbeerblättern, Piment, Nelken, Dill, Koriander, Chili und Ingwer und gieße den wieder kochend heiß über die Gurken. So halten sie sich ein Jahr lang. Eingelegte Gurken muss ich deshalb nie zukaufen. Von diesen großen Drei-Liter-Gläsern haben wir pro Saison 20 bis 30 Stück. Ein Glas reicht bei uns etwa drei bis vier Wochen. Davon haben wir also genug hier im Kloster.

GIBT ES AUSSER DEN GURKEN NOCH EIN PRODUKT, DAS SIE NIE ZUKAUFEN MÜSSEN, WEIL ES HIER IM GARTEN ANGEBAUT WIRD?
Kürbis. Davon haben wir viele und man kann ihn auch so vielfältig verwenden, dass es nicht langweilig wird. Und die Zwiebeln aus dem Garten reichen so ein halbes bis dreiviertel Jahr. Danach müssen wir sie zukaufen.

IHRE ZWIEBELN SIND MIR SCHON POSITIV AUFGEFALLEN. DIE SIND RIESIG. MEINE WERDEN GAR NICHT SO GROSS.
Wir haben ja auch den Segen von oben.

Eingekochtes Obst und Gemüse, Kräuteressenzen und weinhaltige Getränke. Der Klostergarten liefert die Zutaten.

WAS MEINEN SIE? MEHR SONNE?
Nein, ich meine Gott.

ACH SO, NATÜRLICH. HABEN SIE EIGENTLICH AUCH SCHON MAL MIT DEM GEDANKEN GESPIELT, INS KLOSTER EINZUTRETEN?
Nein. (Lacht.)

Bruder Felix wirft ein: Er hat eine sizilianische Ehefrau. Das ist das Gegenteil von Kloster.

BRUDER FELIX, HABEN SIE ZUM SCHLUSS VIELLEICHT NOCH EINEN GEHEIMTIPP FÜR MICH? ETWAS AUS DEM GARTEN, WAS SIE PERSÖNLICH GERN MÖGEN?
Ja, ich verrate Ihnen jetzt noch ein Kräuterelixier, das ich bei Erkältungen gern einsetze. Also in der Jahreszeit, in der unser Garten nur wenig Frisches liefert. Wenn ich ein Kratzen im Hals spüre, dann gurgele ich damit oder ich gieße das Elixier mit kochendem Wasser auf und trinke es heiß, wie einen Grog. Es gibt auch einige Mitbrüder, die das gern nehmen.

ICH BIN GESPANNT …
Also, Sie nehmen Salbeiblätter, die in jedem Garten gut wachsen. Sie ernten die Blätter, wenn es heiß und trocken ist. Dann legen Sie die Blätter drei Tage lang in 40-prozentigen Alkohol – und zwar im Verhältnis 1:5. Ein Teil Blätter, fünf Teile Alkohol. Nach den drei Tagen sieben Sie die Blätter raus und füllen das Mazerat in eine wiederverschließbare Flasche. Fertig ist der Salbeiauszug, der dann den ganzen Winter über gegen Erkältungen helfen kann. Also bei mir wirkt das.

BRUDER FELIX, HERR EPPNER, ICH HABE VIEL GELERNT HEUTE. ICH DANKE IHNEN, DASS SIE SICH SO VIEL ZEIT GENOMMEN HABEN.

UND NOCH EINE IDEE ZUM ABSCHLUSS

»Glück ist das Einzige, was sich verdoppelt, wenn man es teilt.« Kennt ihr den Satz? Er stimmt! Ich bin sicher, dass ihr schon viele Glücksmomente hattet an dieser Stelle des Buches. Ich meine jetzt nicht beim Lesen, sondern beim Nachmachen und Selberpflanzen, beim Ernten, Marmeladekochen, Essen und Genießen. Und beim täglichen Umgang mit euren Hühnern, die gar nicht anders können, als euch fröhlich zu stimmen.

Wahrscheinlich habt ihr euer neues Farmer-Glück auch schon längst geteilt. Weil ihr Zucchini verschenkt, Marmelade überreicht und Sirup mitgebracht habt. Weil ihr mit Freunden und Kollegen schon viel über euren neuen Nutzgarten und die Hühner in eurem Garten gesprochen habt. Weil ihr Fotos von den Küken gezeigt habt, die bei euch im Garten geschlüpft sind und lustige Anekdoten berichten konntet über alles, was auch mal schiefgelaufen ist beim Homefarming.

Ich bin mir deshalb so sicher, weil es bei mir ganz genauso war. Und deshalb verrate ich euch zum Schluss noch das Geschenk beziehungsweise Mitbringsel, das in meinem Umfeld bisher am allerbesten ankam.

Es sind die Hühnereier. Ich habe mir Viterer-Kartons im Internet bestellt und mir einen kleinen Stempel anfertigen lassen, auf dem »Eier mit Herz vom Mäuseberg« steht. Denn so wird meine kleine Farm im Freundeskreis liebevoll genannt: Mäuseberg. Und diese Eier, hübsch verpackt mit Schleifchen und Stempel, sind der Renner bei Geburtstagen und allem anderen, wo es etwas zu feiern gibt. Ich glaube, weil alle merken, wie viel Liebe, Freude und Spaß in ihnen steckt. Ich wünsche euch das Gleiche. Deshalb habe ich dieses Buch geschrieben.

Viel Erfolg beim Homefarming, Ihr Lieben.

REGISTER

Rezepte

ADRESSEN

Verbände

Bund Deutscher Baumschulen e.V. (BdB)
Kleine Präsidentenstr. 1
10178 Berlin
www.gruen-ist-leben.de

Bund für Umwelt und Naturschutz Deutschland
Ortsgruppe Lemgo
(Infos zu Nutzgärten, alten Obstsorten, Befruchterbäumen, Bezugsquellen)
Oberer Steinbrink 8
32657 Lemgo
www.bund-lemgo.de

Verein zur Erhaltung der Nutzpflanzenvielfalt e.V. (VEN)
Walburger Straße 2
37213 Witzenhausen
www.nutzpflanzenvielfalt.de

Bund Deutscher Rassegeflügelzüchter e. V.
Dorfplatz 2
01920 Haselbachtal/
OT Reichenbach
www.bdrg.de

Verein ARCHE NOAH
Obere Straße 40
A-3553 Schiltern
www.arche-noah.at

Rassezuchtverband Österreichischer Kleintierzüchter
(Sparte Geflügel)
Unterlochnerstrasse 17b
A-5230 Mattighofen
www.rassegefluegel.at

ProSpecieRara
Unter Brüglingen 6
CH-4052 Basel
www.prospecierara.ch

Kleintiere Schweiz (Sparte Rassegeflügel)
Henzmannstrasse 18
CH-4800 Zofingen,
www.kleintiere-schweiz.ch

DANKSAGUNG

Das größte Dankeschön geht an Sebastian Fuchs, der dieses Buch mit seinen Fotos zu einem besonders schönen Buch gemacht hat. Dann danke ich dem GU-Verlag, der mich ermutigt hat, dieses Buch überhaupt zu schreiben. Ich danke Sylvie Hinderberger für die liebevolle Zusammenarbeit und ihre Geduld in Sachen Layout und Bildauswahl und ich danke Cornelia Nunn dafür, dass sie immer ein offenes Ohr für meine Ideen und Wünsche hatte. Ein großes Danke geht auch an Susan Weisener, die gemeinsam mit Bernd Eggers den Hühnerteil Korrektur gelesen hat und uns tatkräftig bei der Fotoauswahl der Rassehühner unterstützt hat. Ich danke außerdem Aenny und Imre dafür, dass sie sich so wunderbar um Sazou gekümmert haben, weil ich in den vielen Wochen des Schreibens so wenig Zeit für sie hatte. Danke auch an Simone und Christine, die mich beim Probelesen immer wieder motiviert haben weiterzumachen. Und ein letztes Danke geht an meine Katzen Luzi, Lotti und Jack dafür, dass ihr zwar regelmäßig auf meinem Laptop herumgetrampelt seid, aber nichts gelöscht habt aus Versehen.

Die Autorin
Judith Rakers ist Tagesschau-Sprecherin, Talkshow-Moderatorin und Gesicht zahlreicher TV-Reportagen. Vor drei Jahren machte sich die beliebte Fernsehfrau an die Realisierung ihres Traums vom Homefarming mit eigenen Hühnern und einem Selbstversorgergarten, in dem Obst und Gemüse wachsen. In ihrem Buch zeigt sie anfängerfreundlich und sehr persönlich, wie es gelingt, sich gesund und nachhaltig aus dem eigenen Garten zu ernähren.

Der Fotograf
Sebastian Fuchs, Fotograf und TV-Redakteur, kam 1972 in Manila zur Welt. Der Vater zweier Töchter lebt in Hamburg. Er hat sich auf Porträt- und Reisefotografie spezialisiert. Er hat ein Auge für alles, was schön ist, neuerdings auch für Hühner.
Instagram:
sebastian_fuchs_hamburg

www.facebook.com/gu.verlag

IMPRESSUM

Projektleitung: Cornelia Nunn
Lektorat: Sylvie Hinderberger
Korrektorat: Andrea Lazarovici
Bildredaktion: Matias Kovacic, Natascha Klebl (Cover)
Umschlaggestaltung und Layout: independent Medien-Design, Horst Moser/Katharina Fesl, München
Herstellung: Susanne Fuhrmann
Satz: Christopher Hammond
Reproduktion: Longo AG, Bozen
Druck: aprinta druck GmbH, Wemding
Bindung: Conzella, Pfarrkirchen

ISBN 978-3-8338-7783-4

8. Auflage 2022

Die GU-Homepage finden Sie unter www.gu.de

Bildnachweis
Cover: **Sebastian Fuchs**
Alle Fotos in diesem Buch stammen von **Sebastian Fuchs**, mit Ausnahme von: **Adobe Stock:** 133-3, 133-4, 134-2, 134-3, 134-5; **Alamy:** 133-1, 133-5, 134-1; **Rolf Brenner:** 11, 106–113; **Bernhard Haselbeck:** 228–233; **Tierfotoagentur:** 134-4.
Illustrationen: **Matias Kovacic** (7mp.de).
Syndication: www.seasons.agency

LIEBE LESERINNEN UND LESER,

wir wollen Ihnen mit diesem Buch Informationen und Anregungen geben, um Ihnen das Leben zu erleichtern oder Sie zu inspirieren, Neues auszuprobieren. Wir achten bei der Erstellung unserer Bücher auf Aktualität und stellen höchste Ansprüche an Inhalt und Gestaltung. Alle Anleitungen und Rezepte werden von unseren Autoren, jeweils Experten auf ihren Gebieten, gewissenhaft erstellt und von unseren Redakteur*innen mit größter Sorgfalt ausgewählt und geprüft.

Haben wir Ihre Erwartungen erfüllt? Sind Sie mit diesem Buch und seinen Inhalten zufrieden? Wir freuen uns auf Ihre Rückmeldung. Und wir freuen uns, wenn Sie diesen Titel weiterempfehlen, in Ihrem Freundeskreis oder bei Ihrem Online-Kauf.

Sollten wir Ihre Erwartungen so gar nicht erfüllt haben, tauschen wir Ihnen Ihr Buch jederzeit gegen ein gleichwertiges zum gleichen oder ähnlichen Thema um.

KONTAKT ZUM LESERSERVICE

GRÄFE UND UNZER VERLAG
Grillparzerstraße 12
81675 München
www.gu.de

Ein Unternehmen der
GANSKE VERLAGSGRUPPE